图书在版编目(CIP)数据

官箴四部 : 全4册 / 《官箴四部》编辑委员会编. -- 北京 : 线装书局, 2014.1

ISBN 978-7-5120-1185-4

Ⅰ. ①官… Ⅱ. ①官… Ⅲ. ①政治－谋略－中国－古代 Ⅳ. ①D691

中国版本图书馆CIP数据核字(2013)第300854号

官箴四部

编　　者　《官箴四部》编辑委员会

责任编辑　郝文勉　杜　语　赵　鹰　李津红　程俊蓉

封面设计　王文龙　白　晨

出版发行　线装书局

地　　址　北京市西城区鼓楼西大街四一号

邮　　编　一〇〇〇〇九

电　　话　六四〇四五二八三

网　　址　www.xzhbc.com

印　　刷　北京骏驰印刷有限公司

字　　数　二六一千字

印　　张　八四

版　　次　二〇一四年一月第一版第一次印刷

印　　数　二〇〇套

定　　价　一二〇〇元（一函四册）

ISBN 978-7-5120-1185-4

9 787512 011854 >

官箴四部

《官箴四部》编辑委员会　编

线装書局

出版说明

官箴为中华民族传统文化的重要组成部分，历史悠久，源远流长，在中国乃至世界思想文化史上皆为仅见，值得后人认真总结与借鉴。『官』字在甲骨文中就有了，为『馆』之初文，卜辞用义馆舍或住于馆舍。《说文》释『官』曰：『史，事君也。』史即吏，段注『吏事君』，『官』为侍奉君王之官吏。箴，同『针』，规劝、告诫与警示之意。《说文》曰：『箴者，戒也。』刘勰《文心雕龙·箴铭》说：『箴者，所以攻疾防患，喻箴石也。』官、箴合用，即对官员进行告诫规劝之文辞。

据载，我国在父系氏族社会时期已有官箴之内容了。如黄帝自诫：『余在民上，摇摇，恐夕不致朝。』尧诫：『战战栗栗，日慎一日，人莫踬于山，而踬于垤。』禹自诫：『民无食也，则我

弗能使也；功成而不利于民，我弗能劝也。』舜曾创设『纳言』官职，『夙夜出纳朕命』。到了西周，出现了以甲骨金文为表现形式的『箴言』与『箴铭』，产生了箴言的汇集与编纂——《虞箴》。《左传·襄公四年》载曰：『昔周辛甲之为大史也，命百官，官箴王阙。』于《虞人之箴》……』一九七五年出土的睡虎地秦墓竹简《为吏之道》是帝王针对各级官吏而制定的做官规范，并为各级官吏所严格遵守，标志着战国至秦官箴文化的形成。汉唐为官箴文化的确立时期，汉代先后推出了数十种如《司空箴》《尚书箴》《廷尉箴》等官箴书，唐代有太宗的《百字敕》、武则天的《臣轨》、玄宗的《令长新戒》等，均为帝王箴示臣僚的内容。由于接受隋亡的教训以防国败身亡，唐代注重臣僚对君权的制约，官箴带有君臣互箴的鲜明特征。宋、元、明、清是封建专制中央集权统治逐步强化的时期，约束官吏的各项制度愈益严

格，官箴多有自警性质的内容，如宋朝李元弼的《作邑自箴》、吕本中的《官箴》、朱熹的《朱文正公政训》，元代张养浩的《牧民忠告》《风宪忠告》《庙堂忠告》，明代薛瑄的《从政录》、唐枢的《政问录》、徐榜的《宦游日记》、杨昱的《牧鉴》，清代隋人鹏的《治镜录集解》、乌尔通阿的《居官日省录》、刚毅的《居官镜》，等等。历代思想家、政治家总结了大量为官从政的经验教训，提出了众多治国安民的原则与良策。其形式或为训诫格言，或为政绩实录，或为公牍文集，或为三者之综合，传授为官之道和管理之术，素有『牧民宝鉴』、『宦海指南』之称，为中国传统文化中一笔宝贵的财富。

古代注重对官箴典籍的整理，清朝集以往官箴文化建设之大成，不仅问世的官箴书籍数量最多，而且内容极其丰富，《四库全书》将之归于史部职官类。新中国成立后也出版了大量的

官箴书，如黄山书社一九九七年出版的《官箴书集成》（十册），收录了具有典型性的保留于现今的官箴书一百零一种。我们线装书局二〇一一年出版的《官箴荟要》（二函十四册），收录了具有代表性的主要为州县一级官员所撰述的官箴书二十六种。目前的官箴书体例多按历史顺序把官箴专著汇集一起，虽然保持了资料的完整性，但却致其他书籍中有关官箴之内容无法收录，在实用中或许有些不便。鉴此，我们书局尝试按内容体例编辑一套官箴书。

如何构建这套官箴书的体例，我们从《礼记·大学》中的一段话得到启发：『古之欲明明德于天下者，先治其国；欲治其国者，先齐其家；欲齐其家者，先修其身；欲修其身者，先正其心；欲正其心者，先诚其意；欲诚其意者，先致其知，致知在格物。物格而后知至，知至而后意诚，意诚而后心正，心正

而后身修，身修而后家齐，家齐而后国治，国治而后天下平。』这段话被高度浓缩为『修身、齐家、治国、平天下』四个方面，成为儒家思想传统中知识分子尊崇的信条，即以自我完善为基础，通过治理家庭而治国，直到平天下，是几千年来无数知识分子以及从政者的最高理想。线装书局借此类分官箴，建构官箴文化体系，并定名为《官箴四部》。

《官箴四部》按逻辑关系依序排为第一部：修身；第二部：齐家；第三部：治国；第四部：平天下。第一部『修身』，修炼提高自身素养，做好做官准备。在《礼记·大学》中，修身前面还有正心、诚意、致知、格物四个前提，完成这四个前提才能谈及修身，足见修身要求之高，条件之苛刻。将『修身』放在前面，也是因为『修身』是最重要的，最基础的，是立足之本，否则，无从谈及做官。第二部『齐家』，『齐』有治理、整齐

之意。这是官员『为公』的重要标志之一。要先管理好自己的家庭、家族、宗族、亲戚、朋友等所有身边的人员，使其能够齐心协力，和睦相处，并与社会相齐，然后才能去说服别人，管理国家。连自己的家人都管不好，怎能去管别人？官员不能齐家，所谓『为公』就是假话。第三部『治国』，即从政的方法和艺术，这部分内容是官员为政经验及其思想建树的高度总结，是为官一任所应该肩负和完成的历史责任。第四部『平天下』，是为官一任的结果、标准。『平』是太平，是大同。社会太平，人民安乐，共同富裕，公平和谐，这是为官的终极理想，最高境界，即所谓太平盛世、『大同世界』。本书选材不仅限于官箴书，而是把散见于其他典籍中的有关从政的经典内容也收罗进来，包括短语、典故、语录、故事、诗词、对联、书信等，并注明出处，按照材料来源的年代排序。

本书的编辑出版是线装书局集体智慧的结晶。为做好这项工作，书局领导全力支持，成立了《官箴四部》编辑委员会，安排杜语、赵鹰、李津红、程俊蓉四位编辑各执一部，第一部由程俊蓉负责，第二部由李津红负责，第三部由杜语负责，第四部由赵鹰负责。最后由本书编委会统筹，编校成书。

本书以内容类分官箴仅是尝试，加之时间仓促，水平所限，不当之处在所难免，恳请方家读者批评指正。

线装书局《官箴四部》编辑委员会

二〇一三年十二月

总目录

《官箴四部》第一部

修身篇

目录

先秦·语录选

积善之家，必有余庆；积不善之家，必有余殃。

见善则迁（学习），有过则改。

修辞立其诚。

天行健，君子以自强不息。地势坤，君子以厚德载物。

——《周易》

贵人而贱己，先人而后己。

——《礼记·坊记》

苟利国家，不求富贵。

——《礼记·儒行》

傲不可长，欲不可纵，志不可满，乐不可极。

临财毋苟得，临难毋苟免。

——《礼记·曲礼上》

君子和而不流。

博学之，审问之，慎思之，明辨之，笃行之。

君子遵道而行，半途而废，吾弗能已矣。

凡事豫则立，不豫则废。

人一能之，己百之；人十能之，己千之。

君子戒慎乎其所不睹，恐惧乎其所不闻。

君子和而不流。

君子之道，费而隐。

君子之道，造端乎夫妇，及其至也，察乎天地。

君子之道，辟如行远必自迩，辟如登高必自卑。

君子居易以俟命，小人行险以徼幸。

君子不可以不修身；思修身，不可以不事亲；思事亲，不可以不知人；思知人，不可以不知天。

道不远人，人之为道而远人，不可以为道。

君子素其位而行，不愿乎其外。素富贵，行乎富贵；素贫贱，行乎贫贱；素夷狄，行乎夷狄；素患难，行乎患难。君子

无入而不自得焉！

君子之道，淡而不厌，简而文，温而理；知远之近，知风之自，知微之显，可与入德矣。

君子内省不疚，无恶于志。

君子之所不可及者，其唯人之所不见乎！

君子不动而敬，不言而信。

君子笃恭而天下平。

在上位不陵下，在下位不援上。

居上不骄，为下不倍。

质诸鬼神而无疑，知天也。

正己而不求于人，则无怨；上不怨天，下不尤人。

大德，必得其位，必得其禄，必得其名，必得其寿。

大德者必受命。

性之德也，合外内之道也，故时措之宜也。

修身，则道立。

诚者，自成也。

诚者，天之道也；诚之者，人之道也。

诚者，物之终始；不诚，无物。是故，君子诚之为贵。

君子尊德性而道问学，致广大而尽精微，极高明而道中庸。

君子动而世为天下道，行而世为天下法，言而世为天下则；远之则有望，近之则不厌。

——《礼记·中庸》

不食嗟来之食。

——《礼记·檀弓下》

富润屋，德润身。

心不在焉，视而不见，听而不闻，食而不知其味。此谓修身在正其心。

德者，本也；财者，末也。

人莫知其子之恶，莫知其苗之硕。

知止而后有定，定而后能静，静而后能安，安而后能虑，虑而后能。

物有本末，事有始终。知所先后，则近道矣。

好而知其恶，恶而知其美者，天下鲜矣。

君子诸已而后求人，无诸已而后非诸人。 ——《礼记·大学》

傲不可长，欲不可纵，志不可满，乐不可及。

大道之行也，天下为公。选贤与能，讲信修睦，故人不独亲其亲，不独子其子，使老有所终，壮有所用，幼有所长，矜寡孤独废疾者，皆有所养。男有分，女有归。货恶其弃于地也，不必藏于己；力恶其不出于身也，不必为己。是故谋闭而不兴，盗窃乱贼而不作，故外户而不闭，是谓大同。 ——《礼记·礼运》

富与贵，是人之所欲也。不以其道得之，不居也。 ——《里仁》

官箴四部

吾日三省吾身：为人谋而不忠乎？于朋友交而不信乎？传不习乎？ ——《学而》

其身正，不令而行；其身不正，虽令不从。 ——《子路》

朝闻道，夕死可矣。

士志于道，而耻恶衣恶食者，未足与议也。 ——《里仁》

士不可以不弘毅，任重而道远。 ——《泰伯》

不怨天，不尤人。 ——《宪问》

三军可夺帅也，匹夫不可夺志也。

岁寒，然后知松柏之后凋也。 ——《子罕》

志士仁人，无求生以害仁，有杀身以成仁。 ——《卫灵公》

不降其志，不辱其身。 ——《微子》

人而无信，不知其可也。 ——《为政》

记己有耻。 ——《子路》

过而不改，是谓过矣。——《卫灵公》

惟仁者能好人，能恶人。——《里仁》

仁者寿。——《雍也》

己所不欲，勿施于人。——《颜渊》

君子耻其言而过其行。——《宪问》

吾尝终日不食，终夜不寝，以思，无益，不如学也。——《卫灵公》

博学而笃志，切问而近思。——《子张》

见利思义。——《宪问》

见得思义。——《季氏》

仁者不忧，知者不惑，勇者不惧。——《宪问》

三人行，必有我师焉。——《述而》

学而不思则罔，思而不学则殆。——《为政》

修身篇

改过不吝。——《尚书·仲虺之诰》

与人不求备，检身若不及。——《尚书·伊训》

满招损，谦受益。——《尚书·大禹谟》

胜人者有力，自胜者强。

知人者智，自知者明。

知足，不辱，知止，不殆，可以长久。

夫轻诺，必寡信，必多难。

圣人被褐而怀玉。

为而弗有，成功而弗居也，若此，其不欲见贤也。

信言不美，美言不信。

知者不博，博者不知。

非以其无争与，故天下莫能与争。

不敢为天下先，故能为成器长。——《老子》

不敢为天下先，方能成器长。——《老子》

非以其无争与，故天下莫能与争。

知者不博，博者不知。

信言不美，美言不信。

为而弗有，成功而弗居也。夫唯弗居，其不欲见贤也。

圣人被褐而怀玉。

夫轻诺，必寡信；多易，必多难。

知足，不辱；知止，不殆，可以长久。

知人者智，自知者明。

胜人者有力，自胜者强。

满招损，谦受益。——《尚书·大禹谟》

与人不求备，检身若不及。——《尚书·伊训》

改过不吝。——《尚书·仲虺之诰》

官箴四部

学而不思则罔，思而不学则殆。——《为政》

三人行，必有我师焉。——《述而》

仁者不忧，知者不惑，勇者不惧。——《宪问》

见得思义。——《季氏》

见利思义。——《宪问》

博学而笃志，切问而近思。——《子张》

吾尝终日不食，终夜不寝，以思，无益，不如学也。——《卫灵公》

君子耻其言而过其行。——《宪问》

己所不欲，勿施于人。——《颜渊》

言必信。——《子路》

惟仁者能好人，能恶人。——《里仁》

过而不改，是谓过矣。——《卫灵公》

有德不可敌。——《左传·僖公二十八年》

临患不忘国，忠也。——《左传·昭公元年》

失信不立。——《左传·襄公二十二年》

人孰无过？过而能改，善莫大焉。——《左传·宣公二年》

从善如流。——《左传·成公八年》

私仇不及公。——《左传·哀公五年》

从善如登，从恶如崩。——《国语·周语下》

苟利社稷，死生以之。——《左传·昭公四年》

进思尽忠，退思补过，社稷之卫也。——《左传·宣公十二年》

观其交游，则其贤不肖可察也。——《管子·权修》

惟有道者能备患于未形也。——《管子·牧民》

乐以天下，忧以天下。——《孟子·梁惠王下》

爱人者，人恒爱之；敬人者，人恒敬之。

博学而详说之，将以反说约也。——《孟子·离娄下》

养心莫善于寡欲。——《孟子》

君子莫大乎与人为善。——《孟子·公孙丑上》

仁者无敌。——《孟子·梁惠王上》

无羞恶之心，非人也。——《孟子·公孙丑上》

生于忧患而死于安乐。——《孟子·告子下》

人必自侮，然后人侮之。——《孟子·离娄上》

人不可以无耻，无耻之耻，无耻矣。

穷则独善其身，达则兼善天下。——《孟子·尽心上》

富贵不能淫，贫贱不能移，威武不能屈。——《孟子·滕文公章句下》

不精不诚，不能动人。——《庄子·渔父》

吾生也有涯，而知也无涯。——《庄子》

小人则以身殉利，士则以身殉名。
——《庄子·骈拇》

能不胜任，官事不治；行不清白，群下荒怠；功美不有，爵禄不持；大夫之忧也。
——《庄子·渔父》

志不强者智不达。

源浊者流不清，行不信者名必耗。

士虽有学，而行为本焉。
——《墨子·修身》

吾将正求与天下之利而取之，以兼为正。
——《墨子·兼爱》

不饰过以求先，不逸谀以求进。
——《晏子春秋·内篇·问下》

能胜强敌者，先自胜者也。
——《商君书·画策》

善学者，假人之长以补其短。
——《吕氏春秋·用众》

行不可不孰。不孰，如赴深溪，虽悔无及。

君子计行虑义，小人计行其利，乃不利。

义者，百事之始也，万利之本也。
——《吕氏春秋·慎行》

石可破也，而不可夺坚；丹可磨也，而不可夺赤。
——《吕氏春秋·季冬纪》

以修身自强，则名配尧禹。

道虽迩，不行不至；事虽小，不为不成。
——《荀子·修身》

非我而当者，吾师也；是我而当者，吾友也；谄谀我者，吾贼也。

劳苦之事则争先，饶乐之事则能让。
——《荀子·修身》

善言古者必有节于今，善言天者必有证于人。
——《荀子·性恶》

君子贤而能容罢，知而能容愚，博而能容浅，粹而能容杂。
——《荀子·非相》

虽不可去，求可节也。
——《荀子·正名》

不知则问，不能则学，虽能必让，然后为德。

——《荀子·非十二子》

先义而后利者荣，先利而后义者辱。

——《荀子·荣辱》

学至乎没而后止。

——《荀子·劝学》

义之所在，不倾于权，不顾其利。

——《荀子·荣辱》

学者非必为仕，而仕者必为学。

——《荀子·大略》

身既死兮神以灵，魂魄毅兮为鬼雄。

——《九歌·国殇》

为吏之道

[秦]佚名

凡为吏之道，必精絜(洁)正直，慎谨坚固，审悉毋(无)私，微密韱(纤)察，安静毋苛，审当赏罚。严刚毋暴，廉而毋刖，毋复期胜，毋以忿怒夬(决)。宽俗(容)忠信，和平毋怨，悔过勿重。兹(慈)下勿陵，敬上勿犯，听间(谏)勿塞。审智(知)民能，善度民力，劳以衛(率)之，正以桥(矫)之。反赦其身，止欲去顋(愿)。中不方，名不章；外不员(圆)。尊贤养孽，原壄(野)如廷。断割不刖。怒能喜，乐能哀，智能愚，壮能衰，恿(勇)能屈，刚能柔，仁能忍，强良不得。审耳目口，十耳当一目。安乐必戒，毋行可悔。以忠为榦，慎前虑后。君子不病殹(也)，以其病病殹(也)。同能而异。毋穷穷，毋岑岑，毋衰衰。临材(财)见利，不取句(苟)富；临难见死，不取句(苟)免。欲富大(太)甚，贫不可得；欲贵大(太)甚，贱不可得。毋喜富，毋恶贫，正行修身，过(祸)去福存。

吏有五善：一曰中(忠)信敬上，二曰精(清)廉毋谤，三曰举事审当，四曰喜为善行，五曰龚(恭)敬多让。五者毕至，必有大赏。

吏有五失：一曰夸以泄，二曰贵以大(泰)，三曰擅裚割，四曰犯上弗智(知)害，五曰贱士而贵货贝。一曰见民杲(倨)敖(傲)，二曰不安其鼂(朝)，三曰居官善取，四曰受令不偻，五曰安家室忘官府。一曰不察所亲，不察所亲则怨数至；二曰不智(知)所使，不智(知)所使则以权衡求利；三曰兴事不当，兴事不当则民傷指；四

曰善言隋(惰)行，则士毋所比；五曰非上，身及于死。

长不行，死毋(无)名；富不施，贫毋(无)告也。贵不敬，失之毋□，君子敬如始。戒之戒之，言不可追；思之思(之)，某(谋)不可遗；慎之(慎之)，货不可归。

凡治事，敢为固，谒私图，画局陈畀以为耤。肖人聂心，不敢徒语恐见恶。

凡戾人，表以身，民将望表以戾真。表若不正，民心将移乃难亲。

操邦柄，慎度量，来者有稽莫敢忘。贤鄙溉辥，禄立(位)有续孰敃上。

邦之急，在體(体)级，掇民之欲政乃立。上毋间阹，下虽善欲独可(何)急？

审民能，以赁(任)吏，非以官禄夬(决)助治。不赁(任)其人，及官之敃岂可悔？

申之义，以毄畸，欲令之具下勿议。彼邦之[illegible](倾)，下恒行巧而威故移。

将友令，索其政，毋发可异史(使)烦请。令数囚环，百姓摇(摇)贰乃难请。

听有方，辨短长，困造之士久不阳。

廿五年闰再十二月丙午朔辛亥，□告相邦：民或弃邑居壄(野)，入人孤寡，徼人妇女，非邦之故也。自今以来，叚(假)门逆吕(旅)，赘婿后父，勿令为户，勿鼠(予)田宇。三枼[illegible](世)之后，欲士(仕)士(仕)之，乃(仍)署其籍曰：『故某虑赘婿某叟之乃(仍)孙。』魏户律。

陆景《典语》曰：『国之所以有臣，臣之所以事上，非但欲备员而已。天下至广，庶事至繁，非一人之身所能周也。故分官列职，各守其位；处其任者，必荷其忧。』臣之与主，同体合用。

主之任臣，既如身之信手；臣之事主，亦如手之系身。上下协心，以理国事。不俟命而自勤，不求容而自亲，则君臣之道著也。

——《为吏之道》

西汉·语录选

子用私道者家必乱，臣用私义者国必危。

——《战国策·赵策二》

不蔽人之善，不言人之恶。

——《战国策·魏策》

凡人之性莫不欲善其德，然而不能为善德者，利败之也。

——《说苑·贵德》

治官事则不营私家，在公家则不言利。

——《说苑·至公》

先国家之急而后私仇也。

——《史记·廉颇蔺相如列传》

千羊之皮，不如一狐之腋；千人之诺，不如一士之谔。武王谔谔以昌，殷纣墨墨以亡。

侍德者昌，侍力者亡。

——《史记·商君列传》

人固有一死，或重于泰山，或轻于鸿毛。

——《报任安书》

福在积善，祸在积恶。

——《素书·安礼章第六》

绝嗜禁欲，所以除累。抑非损恶，所以让过。贬酒阙色，所以无污。避嫌远疑，所以不误。博学切问，所以广知。高行微言，所以修身。恭俭谦约，所以自守。括囊顺会，所以无咎。橛橛梗梗，所以立功。孜孜淑淑，所以保终。

——《素书》

举事以为人者，众助之；举事以自为者，众去之。

——《淮南子·兵略训》

山致其高而云起焉，水致其深而蛟龙生焉，君子致其道而福禄归焉。

夫言出于口者不可止于人，行发于迩者，不可禁于远。

——《淮南子·人间训》

夫精神者，所受于天也，而形体者，所禀于地也。

精神盛而气不散则理，理则均，均则通，通则神，神则以视无不见，以听无不闻也，以为无不成也。是故忧患不能入也，而邪气不能袭。

所求多者所得少，所见大者所知小。

嗜欲者使人之气越，而好憎者使人之心劳，弗疾去则志气日耗。

天下茫茫，孰知之哉？其生我也，不强求已；其杀我也，不强求止。

欲生而不事，憎死而不辞，贱之而弗憎，贵之而弗喜，随其天资而安之不极。

其生也天行，其死也物化；静则与阴俱闭，动则与阳俱开；精神澹然无极，不与物散而天下自服。

心者形之主也，而神者心之宝也。

形劳而不休则蹶，精用而不已则竭。

不观大义者，不知生之不足贪也；不闻大言者，不知天下之不足利也。

睹尧之道，乃知天下之轻也；观禹之志，乃知天下之细也；原壶子之论，乃知死生之齐也；见子求之行，乃知变化之同也。

尊势厚利，人之所贪也。

理情性，治心术；养以和，持以适；乐道而忘贱，安德而忘贫。

性有不欲，无欲而不得，心有不乐，无乐而不为。

无益情者不以累德，而便性者不以滑和，故纵体大肆意，而

度制可以为天下仪。

知其无所用，贪者能辞之；不知其无所用，廉者不能让也。

——《淮南子·精神训》

不求誉，不僻诽，正身直行，众邪自息。

——《淮南子·缪称训》

千人同心，则得千人力；万人异心，则无一人之用。

——《淮南子·兵略训》

兰生幽谷，不为莫服而不芳；舟在江海，不为莫乘而不浮；君子行义，不为莫知而止休。

——《淮南子·说山训》

正其行而不苟于世。

——《新语·辨惑》

至诚则金石为开。

——《西京杂记》（卷五）

多私者不义。

——《大戴礼记·王文官人》

不以私害公。

——《新序·义勇》

不为穷变节，不为贱易志。

——《盐铁论·地广》

积善在身，犹长日加益，而人不知也；积恶在身，犹火之销膏，而人不见也。

——《汉书·董仲舒》

官长正而百姓化。

——《潜夫论·班禄》

修身慎行，敦方正直，清廉洁白，恬淡无为，化之本也；忧君哀民，独睹乱原，好善妒恶，赏罚严明，治之材也。

——《潜夫论·实贡》

善不可谓小而无益，不善不可谓小而无伤。

——《新书·审微》

清静无为，则天与之时；恭廉守节，则地与之财。君子虽富贵，不以养伤身，虽贫贱，不以利毁廉。知为吏者，奉法以利人；不知为吏者，枉法以侵人。

——《忠经》

三国两晋南北朝·语录选

名编壮士籍，不得中顾私。

——《白马篇》

芝兰生于深林，不以无人而不芳；君子修道立德，不为穷

困而改节。

——《孔子家语·在厄》

夫君子成人之善，不成人之恶。

——《孔子家语》

静以修身，俭以养德。

宁静可以致远，淡泊可以明志。

——《诫子书》

鞠躬尽瘁，死而后已

——《后出师表》

喜怒之政，谓喜不应喜无喜之事，怒不应怒无怒之物；喜怒之间，必明其类。

喜怒之际，不可不详。

喜怒之事，不可妄行。

——《便宜十六策·喜怒》

有公心，必有公道。

——《物理论》

政在去私，私不去则公道亡。公道亡则礼教无所立。

——《问政》

救寒莫如重裘，止谤莫如自修。

——《三国志·魏书·王昶传》

人谁不死？死国，忠义之大者。

——《三国志·魏书·杨阜传》

夫水至平而邪者取法，镜至明面丑者无怒，水镜之所以能穷物而无怨者，以其无私也。

——《三国志·蜀志·李严传》

每有患急，先人后己。

——《三国志·蜀书》

贪而弃义，必为祸阶。

——《三国志·吴书·鲁肃传》

良药苦心，惟疾者能甘之；忠言逆耳，惟达者能受之。

——《三国志·吴志·孙奋传》

人生在勤，不索何获！

——《后汉书·张衡列传》

疾风知劲草。

——《后汉书》

大丈夫处世，当扫除天下，安事一室乎。

——《后汉书·陈蕃传》

为官长当清、当慎、当勤。修此三者，何患不治乎？

——《世说新语》

操千曲而后晓声，观千剑而后识器。

——《文心雕龙·知音》

丹可磨而不可夺其色，兰可燔而不可灭其馨，玉可碎而不可改其白，金可销而不可易其刚。

——《刘子·大质》

为善则预，为恶则去。

——《颜氏家训》

钝学累功，不妨精熟；拙文研思，终归蚩鄙。

——《颜氏家训·文章》

宇宙可臻其极，情性不知其穷，唯在少欲知止，为立涯限尔。

——《颜氏家训·止足》

隋·语录选

君子不受虚誉，不祈妄福，不避死义。

——《中说·礼乐篇》

君子先择而后交，小人先效而后择。

——《文中子·魏相》

臣轨

［唐］武则天

至忠章

盖闻古之忠臣，事其君也，尽心焉，尽力焉。称材居位，称能

受禄。不面誉以求亲，不愉悦以苟合。公家之利，知无不为。上足以尊主安国，下足以丰财阜人。内匡君之过，外扬君之美。不以邪损正，不为私害公。见善行之如不及，见贤举之如不逮。竭力尽劳，而不望其报；程功积事，而不求其赏。务有益于国，务有济于人。

夫事君者，以忠正为基。忠正者，以慈惠为本。故为臣不能慈惠于百姓，而曰忠正于其君者，斯非至忠也。所以大臣必怀养人之德，而有恤下之心。利不可并，忠不可兼。不去小利，则大利不得；不去小忠，则大忠不至。故小利，大利之残也；小忠，大忠之贼也。

昔孔子曰：『为人下者，其犹土乎？种之则五谷生焉，掘之则甘泉出焉，草木殖焉，禽兽育焉，多其功而不言。』此忠臣之道也。

《尚书》曰：成王谓君陈曰：『尔有嘉谋嘉猷，则入告尔后于内，尔乃顺之于外。曰：「斯谋斯猷，惟我后之德。」臣人咸若时，惟良显哉！』

古语云：『欲求忠臣，出于孝子之门。』非夫纯孝者，则不能立大忠。夫纯孝者，则能以大义修身，知立行之本。欲尊其亲，必先尊于君；欲安其家，必先安于国。故古之忠臣，先其君而后其亲，先其国而后其家。何则？君者，亲之本也，亲非君而不存；国者，家之基也，家非国而不立。

昔楚恭王召令尹而谓之曰：『常侍管苏，与我处，常劝我以道，正我以义。吾与处不安也，不见不思也。虽然，吾有得也，其功不细，言功正之功甚大。必厚禄之。』乃拜管苏为上卿。若管苏者，可谓至忠至正，能以道济其君者也。

守道章

夫道者，覆天载地，高不可际，深不可测。苞裹万物，禀授无形。舒之，覆于六合；卷之，不盈一握。小而能大，昧而能明；弱而能强，柔而能刚。

夫知道者，必达于理。达于理者，必明于权。明于权者，不以物害己。言察于安危，宁于祸福，谨于去就，莫之能害也。以此退居而闲游，江海山林之士服；以此佐时而匡主，忠立名显而身荣。退则巢、许之流，进则伊、望之伦也。故道之所在，圣人尊之。

老子曰：『道常无为而无不为。侯王若能守之，万物将自化。』『以道佐人主者，不以兵强于天下。』『夫佳兵者，不祥之器。故有道者，不处。』又曰：『上士闻道，勤而行之；中士闻道，若存若亡；下士闻道，大笑之。不笑，不足以为道。』

庄子曰：『夫体道者，无天怨，无人非，无物累，无鬼责。一心定而万事得。』

文子曰：『夫道者，无为无形，内以修身，外以理人。故君臣有道即忠惠，父子有道即慈孝，士庶有道即相亲。故有道即和同，无道即离贰。由是观之，无道不宜也。』

管子曰：『道者，一人用之，不闻有余；天下行之，不闻不足。所谓道者，小取焉，则小得福；大取焉，则大得福。道者，所以正其身，而清其心者也。故道在身，则言自顺，行自正，事君自忠，事父自孝。』

《说苑》曰：『山致其高，而云雨起焉；水致其深，而蛟龙生焉；君子致其道，而福禄归矣。万物得其本，则生焉；百事得其道，则成焉。』

公正章

天无私覆，地无私载。日月无私烛，四时无私为。忍所私而行大义，可谓公矣。智而用私，不若愚而用公。人臣之公者，理官事，则不营私家；在公门，则不言货利；当公法，则不阿亲戚。奉公举贤，则不避仇雠。忠于事君，仁于利下。推之以恕道，行之以不党。伊、吕是也，故显名存于今，是之谓公也。

理人之道万端，所以行之在一。一者何？公而已矣。唯公心，可以奉国；唯公心，可以理家。公道行，则神明不劳，而邪自息；私道行，则刑罚繁，而邪不禁。故公之为道也，言甚少，而用甚博。

夫心者，神明之主，万理之统也。动不失正，天地可感，而况于人乎？故古之君子，先正其心。

夫不正于昧金，而照于莹镜者，以莹能明也；不鉴于流波，

而鉴于静水者，以静能清也。镜水以明清之性，故能形物之形，见其善恶。而物无怨者，以镜水至公，而无私也。镜水至公，犹免于怨，而况于人乎？

孔子曰：『苟正其身，于从政乎，何有？不能正其身，如正人何？』又曰：『其身正，不令而行；其身不正，虽令不从。』

诚信章

凡人之情，莫不爱于诚信。诚信者，即其心易知。故孔子曰：『为上易事，为下易知。』非诚信无以取爱于其君，非诚信无以取亲于百姓。故上下通诚者，则暗相信而不疑。其诚不通者，则近怀疑而不信。

孔子曰：『人而无信，不知其可。大车无輗，小车无軏，兀其何以行之哉？』

夫修身正行，不可以不慎；谋虑机权，不可以不密。忧患生于所忽，祸害兴于细微。人臣不慎密者，多有终身之悔。故言易泄者，召祸之媒也；事不慎者，取败之道也。明者视于无形，聪者听于无声，谋者谋于未兆，慎者慎于未成。不困，在于早虑；不穷，在于早预。非所言勿言，以避其患。非所为勿为，以避其危。孔子曰：『终日言，不遗己之忧；终日行，不遗己之患。唯智者能之。』故恐惧战兢，所以除患也；恭敬静密，所以远难也。终身为善，一言败之。可不慎乎！

夫口者，关也；舌者，机也。出言不当，驷马不能追也。口者，关也；舌者，兵也。出言不当，反自伤也。言出于己，不可止于人；行发于迩，不可止于远。夫言行者，君子之枢机。枢机之发，荣辱之主。夫君子戒慎乎其所不睹，恐惧乎其所不闻。莫见乎隐，莫显乎微。是故君子慎其独。在独犹慎，况于事君

乎？况于处众乎？昔关尹谓列子曰：『言美则响美，言恶则响恶，身长则影长，身短则影短。言者，所以召响也；身者，所以致影也。是故慎而言，将有和之；慎而身，将有随之。』

廉洁章

清静无为，则天与之时；恭廉守节，则地与之财。君子虽富贵，不以养伤身；虽贫贱，不以利毁廉。知为吏者，逢法以利人；不知为吏者，枉法以侵人。理官莫如平，临财莫如廉。廉平之德，吏之宝也。非其路而行之，虽劳不至；非其有而求之，虽强不得。知者不为非其事，廉者不求非其有，是以远害而名彰也。故君子行廉，以全其真；守清，以保其身。财富不如义多，高位不如德尊。

季文子相鲁，妾不衣帛，马不食粟。仲孙它谏曰：『子为鲁上卿，妾不衣帛，马不食粟，人其以子力吝，且不显国也。』文

子曰：『然吾观国人之父母，衣粗食蔬，吾是以不敢。且吾闻君子以德显国，不闻以妾与马者。夫德者得之于我，又得于彼，故可行也。若独贪于奢侈，好于文章，是不德也。何以相国？』仲孙惭而退。

韩宣子忧贫，叔向贺之。宣子问其故。对曰：『昔栾武子贵而能贫，故能垂德于后。今吾子之贫，是武子之德，能守廉静者，致福之道也。吾所以贺。』宣子再拜，受其言。宋人或得玉，献诸司城子罕。子罕不受。献玉者曰：『以示玉人，玉人以为宝，故敢献之。』子罕曰：『我以不贪为宝，尔以玉为宝。若以与我，皆丧宝也。不若人有其宝。』

公仪休为鲁相，使食公禄者，不得与下人争利。受大者，不得取小。客有遗相鱼者，相不受。客曰『闻君嗜鱼，故遗君鱼。何故不受？』公仪休曰：『以嗜鱼，故不受也。今为相，能自给

鱼。今受鱼而免相，谁复给我鱼者？吾故不受也。』

夫将有五材四义，知不可乱，明不可蔽，信不可欺，廉不可货，直不可曲，此五材也。受命之日，忘家；出门之日，忘亲；张军鼓宿，忘主；援桴合战，忘身。此四义也。将有五材、四义，百胜之术也。

夫攻守之法，无恃其不来，恃吾有以待之；无恃其不攻，恃吾之不可攻也。夫将若能先事虑事，先防求防，如此者，守则不可攻，攻则不可守。若骄贪而轻于敌者，必为人所擒。

利人章

夫黔首苍生，天之所甚爱也。为其不能自理，故立君以理之。为君不能独化，故为臣以佐之。夫臣者，受君之重位，牧天之甚爱，焉可不安而利之，养而济之哉！是以君子任职，则思利人；事主，则思安俗。故居上而下不重，处前而后不怨。

夫衣食者，人之本也。人者，国之本。人恃衣食，犹鱼之待水；国之恃人，如人之倚足。鱼无水，则不可以生；人无足，则不可以步。故夏禹称『人无食，则我不能使也。功成而不利于人，则我不能劝也。』是以为臣之忠者，先利于人。

——《臣轨》

唐·语录选

上纲苟直，百目皆开；德行苟直，群物皆正。

——《尸子·神明》

见难无苟免之心。

——《群书治要·体论》

民存则社稷存，人亡则社稷亡。

——《群书治要·申鉴》

大丈夫宁可玉碎，不能瓦全。

——《北齐书·元景安传》

穷乃见节义。

——《柳子厚墓志铭》

不畏义死，不荣幸生。

——《张中丞传后叙》

名声之善恶存乎人。

——《与卫中行书》

仰不愧天，俯不愧人，内不愧心。——《韩昌黎集》

嫉恶如仇雠，见善若饥渴。——《举张正甫自代状》

仰不愧天，俯不愧人，内不愧心。——《韩昌黎集·与孟尚书书》

慎而思之，勤而行之。——《策林》

丈夫贵兼济，岂独善一身？——《新制布裘》

立身贵廉明，待士慕谦让。——《陈子昂集·座右铭》

山不在高，有仙则名；水不在深，有龙则灵。斯是陋室，惟吾德馨。——《陋室铭》

立身一败，万事瓦裂。——《寄许京兆孟容书》

穷不忘操，贵不忘道。——《六箴序》

老当益壮，宁移自首之心？穷且益坚，不坠青云之志。——《滕王阁序》

舟循川则游速，人顺路则不迷。——《意林·唐子》

激浊扬清，嫉恶好善。——《贞观政要·任贤》

大贤秉高鉴，公烛无私光。——《孟东野诗集·上达奚舍人》

良玉烧不热，直竹文不颇。——《君子勿郁郁士有谤毁者作诗以赠之》

多难始应彰劲节，至公安肯为虚名。——《息兵》

男儿何不带吴钩，收取关山五十州。——《南国十三首之五》

人生志气立，所贵功业昌。——《赠郑员外》

疾风知劲草，板荡识诚臣。——《赐萧瑀》

愿君学长松，慎勿作桃李。——《赠韦侍御黄裳二首》

为草当作兰，为木当作松。——《于五松山赠南陵常赞府》

松柏本孤直，难为桃李颜。——《古风》十二

伏波惟愿裹尸还，定远何须生入关。——《塞下曲》

竹死不变节，花落有余香。——《金谷园怀古》

贫贱不可苟免，富贵不可苟取。

——《述居》

春蚕到死丝方尽，蜡炬成灰泪始干。

——《无题》

以铜为镜，可以正衣冠；以古为镜，可以知兴替；以人为镜，可以明得失。

——《旧唐书》卷七十一《魏征列传》

宋·语录选

古之立大事者，不惟有超世之才，亦必有坚忍不拔之志。

古之立大事者，不惟有超世之才，亦必有坚忍不拔之志。

——《晁错论》

先腐也，而后虫生之；人必先疑也，而后谗入之。

——《范增论》

君子之为言也，度可行于己，然后可责于人。

——《淮议》

忧劳可以兴国，逸豫可以亡身。

——《五代史伶官传序》

世路无如贪欲险，几人到此误平生。

——《朱子语类》

人有耻，则能有所不为。

——《朱子语类》

小勇，血气所为；大勇，义理所发。

——《四书章句集注·〈孟子集注〉卷二》

廉仁公勤四者，及为政之本领。

——《西山政训》

利心专，则背道；私意确，则灭公。

——《省心录》

知足而不贪，知节而不淫。

——《省心录》

见善明，则重名节如泰山；用心刚，则轻生死如鸿毛。

——《省心录》

心不清则无以见道，志不确则无以立功。

——《省心录》

廉者憎贪，信者疾伪。

——《新唐书·陈子昂传》

用心于正，一振而群纲举；用心于诈，百补而千穴败。

——《用间》

廉者，民之表也；贪者，民之贼也。

——《乞不用赃吏疏》

财能使人贪，色能使人嗜，名能使人矜，势能使人倚。四患既都去，岂在尘埃里？

——《男子吟》

宁可清贫自乐，不作浊富多忧。

——《景德传灯录·招庆道匡》

一尘不染香到骨，姑射仙人风露身。

——《腊初小雪后圃梅开二首》

出淤泥而不染，濯清涟而不妖。

——《爱莲说》

修其心，治其身，而后可以为政于天下。

——《洪范传》

为天地立心，为生民立道，为去圣继绝学，为万世开太平。

——《横渠语录》

人而不仁，则道义息。

——《胡子知言·修身》

一官来此四经春，不愧苍天不愧民；神道有灵应信我，去时犹似来时贫。

——《辞汤庙诗》

生当作人杰，死亦为鬼雄。

——《夏日绝句》

官箴四部

常人所欲在富，君子所贵在德。

——《陆九渊集·杂说》

一正则百正。

——《陆九渊集·语录下》

闻过则喜，知过不讳，改过不惮。

——《与傅全美》

君子义以为质，得义则重，失义则轻，由义为荣，背义为辱。

——《与郭邦逸》

衣垢不湔，器缺不补，对人犹有惭色；行垢不湔，德缺不补，对天岂无愧心。

——《樵谈·序》

当官之法，唯有三事，曰清、曰慎、曰勤。知此三者，可以保禄位，可以远耻辱可以得上之知。可以得下之援。

当官之法唯有三事：曰清、曰慎、曰勤。知此三者，可以保禄位，可以远耻辱，可以得上之知，可以得下之援。然世之仕者，临财当事不能自克，常自以为不必败，持不必败之意，则无所不为矣。然事常至于败而不能自己，故设心处事，戒之在初，不可

[illegible]

当官之法唯有三事：曰清、曰慎、曰勤。知此三者，可以保禄位，可以远耻辱，可以得上之知，可以得下之援。

当官之法，唯有三事，曰清、曰慎、曰勤。知此三者，可以[illegible]

——《官箴·序》

[illegible]

一正则百正。

常人所欲在富，君子所贵在德。

官箴四部

[illegible]

为天地立心，为生民立命，为往圣继绝学，为万世开太平。

修其心，治其身，而后可以为政于天下。

出淤泥而不染，濯清涟而不妖。——《爱莲说》

一尘不染香到骨，姑射仙人风露身。

[illegible]

不察。借使役，用权智，百端补治，幸而得免，所损已多，不若初不为之为愈也。司马微《坐忘论》云：『与其巧持于末，孰若拙戒于初。』此天下之要言，当官处事之大法，用力简而见功多，无如此言者。人能思之，岂复有悔吝耶？

——《官箴》

位卑未敢忘忧国。

——《病起书怀》

但得官清吏不横，即是村中歌午时。

——《春日杂兴》

人生自古谁无死，留取丹心照汗青。

——《过零丁洋》

时穷节乃见，一一垂丹青。

——《正气歌》

铁可折，玉可碎，海可枯，不论穷达生死，直节贯殊途。

——《水调歌头》

但得众生皆得饱，不辞羸病卧残阳。

——《病牛》

金·语录选

能吏寻常见，公廉第一难。

口贪得饵，终将为钓者所虐；翅缚重金，永不能振翅高飞。

与声色犬马『零距离』，难免失误；同清正廉洁『长相守』，方可成才。能吏寻常见，公廉第一难。

——《元遗山集》

庙堂忠告

修身第一

[元]张养浩

前辈谓仕宦而至将相，为人情之所荣。是不知荣也者辱之基也。惟善自修者，则能保其荣；不善自修者，适足速其辱。所谓善自修者何？廉以律身，忠以事上，正以处事，恭慎以率百僚。如是则令名随焉，舆论归焉，鬼神福焉，虽欲辞其荣不可得也。所谓不善自修者何？徇私忘公，贪无纪极，不戒覆车，靡思报国。如是则恶名随焉，众毁归焉，鬼神祸焉，虽欲避其辱亦不可得也。于戏！身为宰相，何善不可行？何功不可立？顾乃为区区之利，蛊惑而妄行，岂不深可惜哉？且自古居相位者，未

闻死于冻饿，而死于财、于酒、于色、于逸乐者，无代无之。昔诸葛孔明为丞相二十年，无尺寸之增于家，未尝忧其贫，竟以劳于王事而卒，至今其名之荣，常若世享万锺而不绝者。唐元载为相，惟利是嗜，及其败也，籍没其家，胡椒八百斛，至其名之秽，常若蒙不洁而播臭无穷者。呜呼！夫人以百年之身，天假之年不过八十、九十。姑以八十为率，计其得志不过三四十年而已。岂有三四十年之间能食胡椒八百斛之理？古人谓利令人智昏，兹明验矣。呜呼！凡为相者，能以诸葛孔明为法，唐之元载为戒，虽台鼎终身，又何悔吝之有？

拜命第一

省己

命下之日，则拊心自省：有何勋阀行能，膺兹异数？苟要其廪禄，假其威权，惟济己私，靡思报国，天监伊迩，将不汝容！

夫受人值而怠其工，僭人爵而旷其事，己则逸矣，如公道何？如百姓何？

克性之偏

夫及物之心，人孰不有？第材质强劣，有所不同。苟即其所短，而痛自克治，则官无难事，事无不集者矣。弛缓克之以敏，浮薄克之以庄，率略克之以详，烦苛克之以大体。苟不度所任，一循己之偏而处之，鲜有不败者矣。古人佩弦佩韦，亦皆此意。今人往往读书无益，莅官不才者，皆由狃于习，而不知痛自克治故也。

——《庙堂忠告》

[元]张养浩

牧民忠告

宁公而贫，不私而富；宁让而损己，不竞而损人。

——《牧民忠告》

风宪忠告

士有公天下之心，然后能举天下之贤。

——《风宪忠告》 [元]张养浩

牧鉴

[明]杨昱

采纳一之八共十九条

《仲虺之诰》曰：『好问则裕，自用则小。』

《大禹谟》曰：『无稽之言勿听，弗询之谋勿庸。』

《太甲》曰：『有言逆于汝心，必求诸道。有言逊于汝志，必求诸非道。』

《君陈》曰：『图厥政，莫或不艰。有废有兴。出入自尔师虞，庶言同则绎。』

《丰·六五》曰：『来章有庆誉，吉』。

黄霸为守，吏民见者，语次寻绎，问他阴伏，以相参考。尝欲有所司察，择年长廉吏遣行，属令周密。吏出不敢舍邮亭，食于道傍，乌攫其肉。民欲有诣府口言事者，适见之，霸与语，道此。后吏还，霸曰：『甚苦！食于道傍，乃为乌所盗肉。』吏大惊，以为知其起居，所问毫厘不敢隐。

岑熙为魏郡太守，招聘隐逸，与参政事，无为而化。

庞参为汉阳太守，郡人任棠有奇节，参到先候之，棠不与言。但以薤一大本、水一盂，置户屏前。自抱儿孙，伏于户下。主簿白以不倨。参思良久，曰：『是欲晓太守也。水者，欲吾清也；拔大本薤者，欲吾击强宗也；抱儿当户者，欲吾开门恤孤也。』叹息而还。在职果能抑强助弱，以惠牧得民。

韩延寿治郡，所至必聘其贤士，以礼待用，广谋议，纳谏诤。尝出，临上车，骑吏一人后至。敕功曹议罚白。还至府门，门卒当车，愿有所言。延寿止车问之。卒曰：『《孝经》曰：「资于事父以事君，而敬同，故母取其爱，君取其敬，兼之者，父也。」明

府车驾久驻未出，骑吏父来，闻之趋走出谒，适会明府登车。以敬父而见罚，得毋亏大化乎！』延寿举手舆中曰：『微子！太守不自知过。』归舍召见门卒。其纳善听谏，皆此类也。

郭伋在并州，聘求耆德雄俊，设几杖之礼，朝夕与参政事。

羊续为南阳太守，入界羸服闲行，观历县邑，採问风谣，然后进。其令长贪洁，吏民良猾，悉知其状。郡内震慑。

萧凝，南齐豫章王也。出为江州刺史，徙荆州。务存省约，停州府迎送仪。及至州，坦怀纳善，侧席思政。

吴玠除陕西宣抚，简易如故。常负手步出，与军士立语。幕客请曰：『今大敌虽远，安知无刺客？万一有意外患，岂不上负朝廷，下孤人望。』玠谢曰：『诚如君言，然某意不如此。国家使某为宣抚，欲不出，恐军民之冤抑而无告者，为门吏所隔，无由自达。所以累出为此也。』

崔与之为广西宪使，所至褰帷问俗，导人使言。有条利害以告者，必为之罢行乃去。

程子曰：『人心所从多所亲爱者，常人之情，爱之则见其是，恶之则见其非。故妻孥虽失而多从，所憎之言虽善为恶也。』

《为政准则》曰：『在位，必延端人正士，信实父老，询访民间利病，以通下情。询访之后，更须隔别质正的实，然后折衷施行。又不可一概听信，反误事体。』

河东薛氏曰：『左右之言，不可轻信，必审其实。』

又曰：『亲爱之言，不可偏听。』

又曰：『听言杂，则与之俱化，遂失其正。故贵乎「听德惟聪」。』

学问一之一

孔子曰：『在下位不获乎上，民不可得而治矣。获乎上有道，不信乎朋友，不获乎上矣。信乎朋友有道，不顺乎亲，不信乎朋友矣。顺乎亲有道，反诸身不诚，不顺乎亲矣。诚身有道，不明乎善，不诚乎身矣。』

《说命》曰：『学于古训乃有获，事不师古，以克永世，非说攸闻。』

《周官》曰：『学古人官，议事以制，政乃不迷。』

又曰：『不学墙面，莅事惟烦。』

子夏曰：『仕而优则学，学而优则仕。』右上五条

于定国为廷尉，乃迎师学《春秋》，备弟子礼。

柳仲郢三为大镇，公退必读书，手不释卷。

吴奎初为小吏，昼则治公事，夜辄读书不寐者，二十余年。

李初平守郴，濂溪为郴令。初平知先生之贤，与之语，叹曰：『吾欲读书，何如？』先生曰：『公老无及矣。某请为公言之。』于是日听先生语，二年果有得。

马伸在官，晨兴必整衣冠，端正坐，读《中庸》一遍。然后出视事。

李方子为泉州观察推官，适真德秀来为郡，以师友礼之，郡政皆咨焉。暇则辩论经训，至夜分不倦。

朱子曰：『人在官，固当理会官事。然做得好官，须是讲学，立大本，则有源流，若只要人道是好官人，今日做得一件，明日又做得一件，却穷了。』

齐东张氏曰：『士当求进于己，而不可求进于人。所谓求进于己者，道术学业之精是已。所谓求进于人者，富贵利达之荣是已。』

又曰：『吏人以法律为师也。魏相所以望隆当世者，汉家典故无不悉也。凡学仕者，经史之余，若国朝以来典章文物，亦须备考详观。一旦入官，庶不为俗吏所迁也。』

河东薛氏曰：『为政须通经，有学术，不学无术，虽有小能，不达大体。』

心术一之二

《乾·文言》曰：『君子体仁，足以长人。』

《大学》曰：『《康诰》曰「如保赤子。」心诚求之，虽不中，不远矣。未有学养子，而后嫁者也。』

孟子曰：『人皆有不忍人之心。先王有不忍人之心，斯有不忍人之政矣。以不忍人之心，行不忍人之政，治天下可运之掌上。』

又曰：『老吾老，以及人之老；幼吾幼，以及人之幼。天

下可运于掌。《诗》云：「刑于寡妻，至于兄弟，以御于家邦。」言举斯心，加诸彼而已。故推恩足以保四海，不推恩无以保妻子。古之人所以大过人者，元他焉，善推其所为而已矣。』

张欧为吏，未尝言按人，专以诚长者处官。官属以为长者，亦不大欺。上具狱事，可却却之；不可者，不得已，为泣涕而封之。其爱人如此。

刘审交为汝州防御使，有惠政。卒，州民请留葬，许之。为立祠，岁时享之。冯道曰：『刘君为政，非能减其租税除其徭役，但推公诚仁爱之心行之耳。此亦众人所能，但众人不为。而刘君独能为之，故汝人爱之如此。』

王质通判苏州，州守黄宗旦，得铸钱盗百余人，以托公。公曰：『事发无迹，何从得之？』黄曰：『吾以术钩出之。』公愀然曰：『仁者之政，以木钩人，置之死而又喜乎？』

明道先生为令，视民如子。常于座右书『视民如伤』四字。云：『某每有愧于此。』龟山曰：『观其用心，应是不到，错决挞了人。』

吕希哲为人，事皆有长久之计，求方便之道。为郡令，公帑多畜鳆鱼诸干物及笋干、蕈干，以待宾客，以减鹅鸭等生命也。

晦庵先生为守，恳恻爱民，如己隐忧，兴利除害，惟恐不及。

周子曰：『治，纯其心而已矣。仁、义、礼、知四者，动静、言貌、视听无违之谓纯。』

程子曰：『一命之士，苟存心于爱物，于人必有所济。』

或问：『临政无所用心，欲求于恕，何如？』程子曰：『推此心行恕，可也；用心求恕，非也。恕，己所固有，不待求而后得，举此加彼而已。』

河东薛氏曰：『清心省事，居官守身之要。』

克励一之三

《大禹谟》曰：『慎乃有位，敬修其可愿。』

又曰：『罔违道以干百姓之誉，罔咈百姓以从己之欲。』

《伊训》曰：『制官刑，儆于有位。』曰：『敢有恒舞于宫，酣歌于室，时谓巫风；敢有殉于货色，恒于游畋，时谓淫风；敢有侮圣言，逆忠直，远耆德，比顽童，时谓乱风。惟兹三风十愆，卿士有一于身，家必丧；邦君有一于身，国必亡。臣下不匡，其刑墨。』

《周官》曰：『位不期骄，禄不期侈。恭俭惟德，无载尔伪。作德心逸日休，作伪心劳日拙。居宠思危，罔不惟畏，弗畏人畏。』

又曰：『功崇惟志，业广惟勤。』

《君陈》曰：『无依势作威，无倚法以削。』

《小雅》曰：『嗟尔君子，无恒安处。靖共尔位，正直是与。神之听之，式谷以汝。』

子罕为司城，时人有得玉献之者，却弗受。献者曰：『以示玉人，以为宝也，故敢献。』子罕曰：『我以不贪为宝，尔以玉为宝。若以与我，皆丧宝也。不若人有其宝。』

孔奋为姑臧长，时士多不修节操。而奋力行清洁，为众所笑。或以为身处脂膏，不能自润，徒益辛苦耳。被征，单车就路。姑臧吏民羌胡，相赋敛牛马器物追送，一无所受。

杨震为东莱太守，当之郡，道经昌邑。故所举荆州茂才王密为昌邑令，怀金十斤以遗之。震曰：『故人知君，君不知故人，何也？』密曰：『暮夜无知者。』曰：『天知地知我知子知，何谓无知？』子孙常蔬食步行。故旧劝为开产业，曰：『使后世称为清白吏子孙，以此遗之，不亦厚乎！』

杨秉，震之子，历豫、荆、徐、兖四州刺史，计日受奉，余禄不入私门，所至以廉洁称。又性不饮酒。夫人早卒，不复娶。尝从容曰：『我不惑有三：酒、色、财也。』

吴隐之守晋陵，在郡清俭。再刺广州，赋《贪泉诗》曰：『古人云此水，一歃怀千金。试使夷齐饮，终坐不易心。』清操愈厉。虽日晏歠菽，不享非其粟；儋石无储，不取非其道。及至广州，妻贲沉香一片，隐之见之，投于湖亭之水。

王僧孺为南海太守，外国泊物、高凉生口，岁数至。旧时州、郡就市回即卖，其利数倍，历政以为常。僧孺叹曰：『昔人为蜀郡长史，终身无蜀物。吾欲遗子孙，不在越装。』并无所取。

赵轨为齐别驾，其东邻有桑葚落其家，遣人悉拾还其主。后被征，父老相送，挥涕曰：『别驾在官，水火不与百姓交。不敢以壶浆相送，请酌一杯水奉饯。』轨受饮之。后为原州司马，夜

行，左右马逸入田中，暴人禾。轨驻待明，访禾主，酬直而去。

江秉之历典三邑，有能，补新安太守。所得悉散之亲故，妻子常饥寒。有劝其营田，正色答曰：『食禄之家，岂可与农人竞利！』在郡作一书案，去官留以付库。

申徽为襄州刺史，案牍无大小，皆自省览。事无稽滞，吏不为奸。时俗官人皆通饷遗，徽乃画杨震像于寝室以自戒。

刘怀慰为齐郡太守，至郡不受礼谒。民有饷其新米一斛者，怀慰出所食麦饭示之曰：『旦食有余，幸不烦此。』

孔奂为晋陵太守，清白自守，妻子并不之官。曲阿富人殷绮，见奂居处俭素，乃饷以衣毡一具。奂曰：『太守身居美禄，何为不能办此！但百姓未周，不宜独享温饱。劳君厚意，幸勿为烦。』

裴昭明为长沙郡丞，迁始安内史，历郡皆清勤。尝谓人曰：

『人生何须蓄聚？一身之外，亦复何须！子孙若不才，我聚彼散。若能自立，不如一经。』故终身不事产业。

萧仿拜岭南节度使，南方珍贶丛夥，不以入门。家人病，取槁梅和剂。仿知，趣市还之。

裴宽为润州参军，刺史韦诜，会休登楼，见人于后圃有所瘗藏者，访诸曰：『裴参军居也。』与偕来问状，答曰：『义不以苞苴污家。适有人以鹿为饷，致而去。不敢自欺，瘗之。』诜嗟异，引为按察判官，许妻以女。

包拯知端州，州岁贡砚。前守缘贡，率数十倍以遗权贵。公命制者，惟足贡额。任满，不持一砚归。后知开封，不可干以私。京师为之语曰：『关节不到，有阎罗包老。』

赵抃为益州转运使，蜀地远民弱，吏肆不法，州郡公相馈饷。公以身率之，蜀风为变。后再知成都，召还。神宗曰：『闻卿匹

马入蜀，以一琴一鹤自随，为政简易，亦称是乎！』

濂溪先生自少信古好义，以名节自砥砺。俸禄尽以周宗族奉宾友，或无百钱之储。及分司归，妻子饘粥或不给，亦旷然不以为意也。（自子罕至此，皆励于清者。）

柳公绰洎子仲郢，父子五为京兆，再守河南，皆不奏祥瑞。非庆吊不至宰相第。

唐介以言谪英州别驾，改知复州。未至，召充言事御史。帝曰：『知卿被谪以来，未尝以私书至京师，可谓不易所守矣。』

吕希哲尝云：『自少官守，未尝干谒人荐举，以为后生之戒。仲父舜从守官会稽，人或讥其不求知者。仲父对辞甚好：「勤于职事，其他不敢不慎。乃以求知也。」』（自柳公绰至此，皆励于慎者。）

陶侃为广州刺史，在州无事，辄朝运百甓于斋外，暮运百甓于斋内。人问其故，曰：『吾方致力中原，过尔优逸，恐不堪事。』

后为荆州，诸参佐或以谈戏废事者，乃命取其酒器，蒱博之具，投之江中，吏将则加鞭朴。曰：『大禹圣人，乃惜寸阴。吾人当惜分阴。』

韩琦镇大名，魏之牒诉甚剧，而事小，必亲视之。虽在疾病不出，亦许通闻请命，而就决于卧内。后守乡郡，簿书文檄，检查研核，莫不躬亲。或曰：『公位重年耆，朝廷赐守乡郡以安养，幸毋亲小事。』公曰：『己惮烦劳，吏民当有受弊者。且俸禄日万钱，不事事，吾何安哉？』

吕公著为郡，率五鼓起，秉烛视案牍，黎明出厅决民讼。退就便座燕居，如宾僚至者毋拘时。以故郡无留事，而下情通。凡典六郡以为常。后虽高年，贵重不少替。

刘舲累历大藩，事无巨细，必亲临之，至忘寝食，虽盛暑隆寒不惮也。

真德秀知泉州，决事自卯至酉。或劝其啬精怡神，公言：『郡敝无力惠民，仅政平讼理，当勉而已。』（自陶侃至此，皆励于勤者。）

程子曰：『夫人之性，易发而难制者，惟怒为甚。第于怒时，遽忘其怒，而观理之是非。亦可见外诱之不足恶，而于道，亦思过半矣。』

山阴杜氏曰：『作官第一清畏无求人知，苟欲人知，同列不慎者，众必谮己。为上者又不加察，适足取祸耳。但优游其间，默而行之，无愧于心可也。』

——《牧鉴》

官箴集要

［明］汪天锡

正心篇

体民心

天无心，以天子为心；天子无心，以百官为心；百官者，公、侯、伯、子、男也。百官亦无心，以万民为心也。得民心者可名为官，失民心者何足道哉？

不欺

高不可欺者天也，尊不可欺者父也，上不可欺者君也，下不可欺者民也。欺天、欺父、欺君、欺民，是名滥官污吏也。

公正

夫居官守职以公正为先，公则不为私所惑，正则不为邪所媚。凡行事涉邪私者，皆由不公正故也。至公至正，虽有邪私，亦不为媚惑矣。

诚爱生智

赤子之生无有知识，然母之者常先意得其所欲焉，其理无他，诚而已矣。诚生爱，爱生智，惟其诚故爱无不周，惟其爱故智无不及。吏之于民，与是奚异哉？诚有子民之心，则不患其才智之不及矣。

戒忍刻

张九龄以功名忠心义奋振一时，可谓君子矣。然或者谓其处士大夫之有幸者，必致穷绝之地，以故一念不仁，所以无嗣。人心之不仁如此哉！夫好生恶死，人之常情，趋利避害，世之常态。置一物于必穷之地者，君子不为也，况作好恶于其间耶？九龄盛德之士也，一念之差，犹不免于绝嗣，丁谓、卢多逊之辈当何如耶？

因一事不快于心而迁怒之心妄发，此其大病。

不可乘怒而多言，不可乘快而易事。

主敬

处己接物，事上使下，皆当以敬为主。敬则立，怠则废。

持己得一敬字，接人得一谦字。

清心

清心省事，居官守身之要。

心静能处事。

心地干净，自然宽平。

充德量

《书》曰：『必有容，德乃大；必有忍，乃有济。』君子立心，未有不成于容忍而败于不容忍也。容则能恕人，忍则能耐事。一毫之怫，即勃然而怒，一事之违，即愤然而发，是无涵养之力，薄福之人也。是故大丈夫当容人而不可为人容，当制欲而不可为欲制。观娄师德、丙吉之为人，则气自平而理自明矣。昔人云：『忍所不能忍，容所不能容，惟识量过人者能之。』若颜子犯而不较，乃其量大。闻人毁己即怫然而怒，其小也固矣。

察辱

辱之一事，最为难忍，自古豪杰之士多由此败也。窃意辱之来也，察其人如何：彼为小人耶，则直在我，何怒之有？彼为君子耶，虽直在彼，何怒之有？世之人不审辱之所自来，一以怒应之，此其所以相仇而相害也欤！

正己篇

礼体

夫礼宜谦谨，体宜正大。经云：『君子正其衣冠，尊其瞻视，俨然人望而畏之，斯不亦威而不猛乎？』又曰：『临之以庄则敬。』盖在人之上，一语一默，一动一静，人之瞻视，不可不谨。惟欲平居之际，加持守不可放纵，临民之时，容止可观，进退可度，语言和谨，处事安详，则不失其礼体矣。

纪纲

为政者必须先立纪纲，纪纲一定，则衙门整肃，吏卒敬畏，公事易为办集。其或因循苟且，委靡不振，吏胥将纵其奸，小民均受其害。然又必有始有终。

政体

居官以公平正大为体，勤谨和缓为先。公平则不致于偏私，正大则不致于苛细，勤谨则不致于怠慢，和缓则不致于躁暴。以此立行随事，精察详审，造次必于是，颠沛必于是，守之弗失，则政无不备，事无不举矣。

定见

凡行事必须先立定见，始终不易，不至为奸吏所摇动。如钱粮、刑名、科差、造作，皆当有一定之见，使吏胥不能测其机锋。若吾机可测，则吏胥左右逢迎，巧生奸计，以此易彼，诬轻为重，

卖弄桩配者多矣。持循既久，信孚于民，吏胥虽欲借倩，其可得乎？

立信

自古皆有死，民无信不立。盖信者国家之宝，不可一日无者也。是以为政者必以信为主，则民听不惑，万事立矣。苟为不然，朝令夕改，先缓后急，虽欲言治，其可得乎？

远谗谄

凡居官处事最不可信谗谄。谀佞之人变乱是非，颠倒曲直。在上苟借以颜色，倘或听信一话，则谗谄之计、浸润之谮日渐月染，得以肆行其志。且小人巧言令色，送暖偷寒，针穿纸裹，说是道非，妨害政事，何可胜言？《论语》曰：『是故恶夫佞者。』为政者首以远谗为戒。

嫌疑

嫌疑之事皆当防于未然。昔陈寿以使婢丸药见讥，马援以辇致薏苡兴谤，良有以也。古云：瓜田不纳履，李下不整冠。

凡事一涉嫌疑，则造言生事之人得以肆其奸矣，可不慎哉？

出入

居官者当慎出入。凡不当游之地、不当至之所皆不可诣。万一不然，污玷名节，噬脐无及矣。无故出境者，自有条律。

慎言语

为官最宜安重。下所瞻仰，一发言不当深愧之。

轻言则纳侮。

轻言戏谑最害事。盖言不妄发，则出言而人信之；苟轻言戏谑，后虽有诚实之言，人亦弗之信矣。

常默最妙。己心既存而人自生敬。

夫一言既出，驷马难追，所以君子欲讷于言而敏于行。为人上者，民所视效，凡有语言，岂可妄诞？一不合理，贻笑于下，是以圣人不贵多言。

观人

公于己者能公于人，私诸人者由私诸己。

轻言轻动之人不可以与深计，易喜易怒者亦然。

闻事不喜不惊者，可以当大事。

轻言则寡信。

善面谀人者，必善背而毁之。

临事

凡事皆当谨始虑终。

作官一事不可苟。

事才入手便当思其发脱。

不言而自能行出，则人心服；法立而行，则人不玩。

处大事不宜大厉声色，付之当然可也。

大事小事即平平处之，便不至于骇人视听矣。

处事不可使人知恩。

事已往不追最妙。

处事了不形于言尤妙。

静能制动，沉能制浮，宽能制褊，缓能制急。

戒浅露

人有才而露只是浅，深则不露。方为一事，即欲人知，浅之尤者。

持廉篇

律己以廉

凡名士大夫者，万分廉洁止是小善，一点贪污便为大恶。不

廉之吏如蒙不洁，虽有它美，莫能自赎。

正身修己

孔子曰：『其身正，不令而行；其身不正，虽令不从。』又曰：『修己以安百姓。』又曰：『克己复礼为仁。』此圣人修己正心之道，故为政者以正为本，以廉为先。夫所谓廉者，岂特不通贿赂而已？

凡小人欲献其小惠者，屡以珍羞奇异之物投其所好。如官人好饮，即投之美味酒馔；好色，即投之以容貌倡优；好文，即投之以诗文词章；好戏玩，即投之以器皿书画；好花木，即投之以奇花异草。小人惟窥伺其嗜好性格。如正己者必无偏私之病，稍有私欲，鲜有不堕其计而为所迷惑矣，虽欲廉正，其可得乎？

节俸禄

凡合得俸禄者，皆令皂隶明白，关支须要计其家口日用之费，量入为出，撙节之大，不可妄用虚费。虽衣食之余，亦须预其渐积，以代任满给由之费及不测之需。

且食禄之家不可与民争利，俸禄在乎人能守之，如井之泉，日汲日新，本源不竭。如不能守之，如潢潦之水，朝满而夕除。若公廨空闲之地，亦须整理园圃，栽种菜蔬。泔水、余羹、米糁、剩饭仍可喂养牲口，亦为小补日用也。

戒贪

普天率土生人无穷也，然受国宠灵而为民司牧者能几何？人既受命以牧斯民矣，而不能守公廉之心，是自不爱也，宁不为世所诮耶？况一身之微，所享能几？厥心溪壑，适以自贼。一或罪及，上孤国恩，中贻亲辱，下使乡邻朋友蒙诟包羞。虽任累

千金，不足以偿一夕缧绁之苦。与其戚于已败，曷若严于未然？嗟尔，有官所宜深戒。

正始

自到任后，常要点检身心，持守礼法，且不可辄新立法施为，及不宜与人泛接。如有官民人等，饷遗饮食器用，及投充门隶等役，况有称送见面钱等项，就俱回避，不可毫厘少受，以为旧例土俗之常。若或一有濡染，被其钳制，后难行事，虽人来奉举果盒酒，亦不必受可也。似此等事，虽终身无往而不可行之焉？

正内篇

齐家

居官者必须先治其内，后治其外。故《传》有曰：天下之本在国，国之本在家，家之本在身。故身修而后家齐，家齐而后国治，国治而后天下平矣。

齐家之道，务在严谨雍容。仕宦多有行引，父母、兄弟、伯叔家人纵令在任所者，常须关防，不许纵容闺门中外索觅借贷，亦不许子第出游，其祸之机实肇于此。慎之戒之，不可不察。

禁家人

居官所以不能清白者，率由家人喜奢好侈使然也。中既不给，其势必当取于人。或营利以侵民，或因讼而纳贿，或名假贷，或托姻属，宴馈征逐，通室无禁，以致动相掣肘，威无所施。已虽日昌，民则日瘁；己虽日欢，民则日怨。由是而坐败辱者，盖骈首骊踵也。

呜乎！使为妻妾而为之，则妻妾不能我救也；使为子孙而为之，则子孙不能我救也；使为朋友而为之，则朋友不能我救也。妻妾、子孙、朋友皆不能我救也，曷若廉勤乃职，而自为之为愈也哉？

盖自为，虽阃门恒淡泊，而安荣及子孙；为人虽欢然如可乐，而祸患生几席也。二者之间，非真知深悟者，未易与言。有官君子，其审择焉！

防出入

官府衙院宅司，三姑六婆往来出入，勾引斤角关节，搬挑奸淫，沮坏男女。三姑者，卦姑、尼姑、道姑；六婆者，媒婆、牙婆、钳婆、药婆、师婆、稳婆，斯名三刑六害之物也。近之为灾，远之为福，净宅之法也。犯之勿恕，风化自兴焉。

慎交易

官府宅司但用诸般物色，金银器皿、珠玉犀象、绫锦罗彩，食用物料，唤牙行当堂估价，立与平交，永无嫌隙，切勿令夫人娘子见面，招物议也。

——《官箴集要》

康济谱

[明]潘游龙

《书·周官》曰：『推贤让能，庶官乃和，不和政庞。举能其官，惟尔之能。称匪其人，惟尔不任。』

丘文庄公曰：有虞之朝，命禹为百揆，而禹则逊之稷、契、皋陶；命垂为共工，而垂则逊之殳斨、伯与；命益作虞，而益则逊于朱虎、熊罴；命伯夷作秩宗，而伯夷则逊于夔、龙。噫，君以其人为贤能而用之，而其人不自贤不自能，而推之贤，让之能，此百官和于朝，而庶绩所以咸熙也。成王以推贤让能勉其臣，而又以政庞不任戒之，其望之深切矣。

《记》曰：『儒有内称不避亲，外举不避怨，程功积事，推贤而进达之，不望其报。苟利国家，不求富贵。其举贤援能有如此者。』

皋陶曰：『都！亦行有九德。亦言，其人有德，乃言曰，

载采采。』（亦，总也。载，行也。采，事也。总言其人有德，必言其行某事，某事为可信验也。此即宋苏洵所谓某人廉吏，尝以某事知其廉；某人能吏，即以某事知其能之意。）禹曰：『何？』曰：『宽而栗，柔而立，愿而恭，乱而敬，扰而毅，直而温，简而廉，刚而塞，强而义。彰厥有常吉哉！日宣三德，夙夜浚明有家；日严祗敬六德，亮采有邦。翕受敷施，九德咸事，俊乂在官。百僚师师，百工惟时，抚于五辰，庶绩其凝。』

金孝章氏曰：人至于死，斯已矣。忠于君者，至于陨其身亦可以无讥矣。史鱼之诚，独能周于易箦以后，犹将用其蹇蹇惓惓者焉。夫亡者，忘也。于此而不忘，斯不亡也已。百龄影徂，千载心在，事君不当如是耶？

任延为会稽都尉。时年十九，迎官惊其壮。及到，静泊无为，先遣馈礼祠延陵季子，聘请高行董子仪、严子陵，待以师友之礼。掾吏贫者，分俸禄以赈给之。每行县，辄使慰勉孝子顺孙，就餐饭之。吴有龙丘苌者，隐居不辱。掾吏白请召之，延曰：

『龙丘先生躬德履义，有原宪、伯夷之风。都尉洒扫其门，犹惧辱焉，岂可召乎？』乃遣功曹奉谒，修书记，致医药，吏使相望于道。积岁，苌乃出署议曹祭酒。繇是郡中贤士大夫争往事焉。

潘鳞长氏曰：吏有罪令县长自行罚，已为县长下一针砭矣，却又归以贤名，而不侵其柄，此诚得大体者，人安得不喜惧并深矣乎？喜者，感也。惧者，愧也。感与愧合，而天下无不化之人矣。

郑当时守济南，及大司农，多惠政。性廉介，不治产，得俸赐给贫士。然馈遗人，不过具器食。每朝，候上间说，未尝不言天下长者。其推毂士人及官属丞史，诚有味其言也。常引以为贤于己。未尝名吏，与官属言，惟恐伤之。闻人之善言，进之于上，惟恐其后。山东诸公翕然称『郑庄』。后使视决河，自请治行五日。上曰：『吾闻郑庄行千里不赍粮。』其名重如此。

杨津刺岐州。有武功人赍绢三匹，去城十里，为贼所劫。时有使者驰驿而至，被劫人因告之。使者到州，以状白津。津乃下教云：『有人着某色衣，乘某色马，在城东十里被杀，不知姓名，若有家人可速收视。』忽一老妪行哭而出，云是己子。随遣骑追收，并获其绢。阖境畏服。至于守令僚佐有浊货者，未曾公言其罪，尝以私书切责之，官属莫不感厉遵法。寻除刺定州。贼帅鲜于修礼、杜洛周残掠州境，孤城立两寇之间。津于城中作地道，潜兵涌出，置炉铸铁，持以灌贼。贼遂相告曰：『不畏利槊坚城，惟畏杨公铁星。』

金孝章氏曰：文士而能经济，斯真为有用之文。如徒风云月露而已，则华而无根，秀而不实，于世竟何补？使世遂轻文士，而文之用因以不尊，于是不学无术之徒，反得出而持其短长，是果谁之咎也？

潘鳞长氏曰：人惟胸次猥琐，眼腔龌龊，只觉世界跼蹐，日为喜怒所役，以致生民休戚，若无所关。其究在学力之未充，故器量多褊浅耳。然中又有天性爽闿，如韩稚圭之不见怒于火须侍卒，仍作书如故，似又非学力可能也者。总之，士君子有藏垢纳污之怀，乃能淆弗浊，澄弗清，融物我于一掬，如天之无不覆也，如地之无不载也，斯物赖其生成，而功化德业，亘古俱无疆矣。

金孝章氏曰：藏精明于浑厚，则精明之用乃益深妙；若遽尔扬之，亦立尽无余味耳。天下事非精明无以悉，非浑厚无以全，欲成大业者，可不鉴往哲而深思其故乎？

金孝章氏曰：宰相为国家者，止欲闻过；自为者，则惟愿知言过之人。用心稍殊，君子小人之分途，辨诸此矣。岂知愿闻过者之正所以自为乎？夫相之真能自为者，未有不为国家者也。

为国家必思补过，补过必将尽忠，夫然后可以有终焉耳。

王旦居政府，客有货玉带于旦者，旦使弟系之，问：『还见佳否？』弟曰：『安能自见？』旦曰：『玉，重器也，自负重而使观者称美，得无劳乎？』又有以古砚献孙之翰者，曰：『此石呵之则水流，其直三十千。』翰曰：『一日纵呵，担水所直三文耳，何用此为？』

潘鳞长氏曰：夫珍奇玩好，上以开贿赂之门，下以通献纳之路，其为官箴之毒多矣。二公独从人情腾沸中出一清冷语，使献者气沮，受者色愧。虽偶尔之谭，所以警贪污，而持世道，岂浅矣哉？

潘鳞长氏曰：语云：『兽穷则噬，人穷则诈。』此古人之所慎也。当机者须于此放宽一路，庶不致乱。矧其人盗钱之声，已逆知其不可掩也，使此时稍为发觉，势亦必至杀人耳。可见君

子处小人势穷之时，只要容，故小人莫能窥其际。而卒之亦偿所盗以善去，亦足征有道者之斡旋，自异于寻常。

潘鳞长氏曰：廉能生威，最能感人，其感羌之人尤速。故历观自古苦边患者，皆起于贪，或贪其土地，或贪其宝货，或贪其畜产，或贪其帐族。要功生事，先以扰之，比及叛怨，则又伐之，至于伏尸殚货，所失不可胜纪。观奂只一正身洁己，而便威化大行，则前事可鉴矣。

潘鳞长氏曰：尤以豢被醢，鱼以饵受烹。君子嗜好不谨，一为小人所中，假与作口，则心腹肝胆皆在小人掌握中矣。要行便行，要止便止，不几为小人作奴隶乎？真长可谓慧人也已。

潘鳞长氏曰：居官当新旧交代之际，能脱然无恋无营如阮长之者，吾未数数见也。何则？或官罢而印则久留，或事谢而境不即出，彼其徘徊瞻望如有所未竟者，果何心耶？吾不得而

知之矣。

潘鳞长氏曰：居官者，知不敢以赤子膏血自肥，即饮水尚切冰兢。人惟侈然自将之念甚，即尽民之膏血而奉之，彼犹水视之不如焉。史称杨公学问政事，俱堪世仪。存心如此，宜温人父母爱之，咸像事之，以永不忘矣。

潘鳞长氏曰：居官而图自逸者，彼其心固未尝实在百姓也；苟存于百姓，必无暇日矣。然亦有政成化洽而得暇者，此自然之致，非系幸也。夫惟究心吏事者，不求暇而或暇。不然，虽欲暇而终不暇矣。

潘鳞长氏曰：做官做人总是学问中一件事。既知所本分，又不忽细微；既自治不苟，又无所不敬，斯则合内外一广密，可谓无众寡，无小大，无敢慢者矣。圣贤之学，其异于俗吏也如此。

金孝章氏曰：所谓气节者，乃浩然之气、不可夺之大节是

也。若争于琐末，藉以市直沽名，去之不啻千里矣。道辅引『几谏』二字最妙。君父之过，臣子所不愿闻者也。或匡救于未形，或虽劳而不怨。总之善归君父，过则归己，而不有其气节之名，诚以君父非立名之地耳。彼悻悻自见者，何为乎？

范仲淹知开封，杜绝私谒，贵戚豪右敛手畏避。而明敏通达，决事如神，民咸赖之，歌曰：『朝廷无忧有范君，京师无忧有希文。』时吕夷简执政，进用者多出其门，仲淹乃为《百官图》以献，曰如此为序迁，如此为不次，如此则公，如此则私。夷简由是怒，至交论上前，仲淹对益切。出知饶州，谢表曰：『此而为郡，陈优优布政之方；必也立朝，增蹇蹇匪躬之节。』人咸叹其至诚许国，不以退易其守云。

潘鳞长氏曰：文公之提点江西，王淮荐之也。文公能按仲友，亦可谓奉法循理不负荐者矣。夫何淮私一戚里，始匿其章而

不上，既夺其命而授之？殊不知君子介然独立之操，惟直行其所无私，岂以权势之故而变易所守乎？淮乃不自以得人为庆，且缘是倡为道学之禁，毒痡善类，为时所鄙，良可悼哉。

刘宽守南阳。政多仁恕，吏民有过，惟蒲鞭示辱而已。每行县，辄引学官课士，亦未尝遽言疾色于仓卒之间，一郡称为仁君。

潘鳞长氏曰：遽言疾色，此居官之最忌。何也？竹鸡善斗，取者常激囮使鸣而致之；鹧鸪好洁，取者尝扫地布谷而招之；海鱼吐黑水以藏身，渔者常因黑水而网之。彼狡吏之窥伺上官也亦然，见其负气，则激以不平之事；见其好修，则谀以独清之名；见其喜计，则为机械以投其欢，乘机伺便于仓卒之间，使之无所主而彼之百端巧出矣。君子惟是喜怒不形，颦笑不苟，则此辈无所用其伎俩矣。刘南阳蒲鞭之化，意益深远哉。

鲁恭令中牟，专以德化，不任刑罚。邑有许相争田，累年不

决，恭为平理，皆退而自责，辍耕相让。建初中，郡国螟伤稼，犬牙缘界，不入。河南尹袁安疑其不实，使掾肥亲往廉之。恭随行阡陌，俱坐桑下，有雉过，止其傍。傍有儿童，亲曰：『儿盍捕之？』儿曰：『雉方将雏。』亲瞿然起，与恭决曰：『所来迹君之政耳，今螟不入境，一异也，化及鸟兽，二异也，竖子有仁心，三异也。久留，徒扰贤者耳。』还白安，豁然叹赏。久之，上书言状，帝异之。恭在事三年，州举尤异。

潘鳞长氏曰：祥之至孝超卓，不事清谈，又有政事之才，后用为公辅，真可以表帅天下。惟当魏晋革命之际，初无一言而亦随众拜迁也，君子惜之。至如石苞、贾充、王沈之徒，奚足责哉？

按：祥事继母至孝，起为三公，人所知也。祥弟览，乃继母所生，每与祥代劳。母尝以酒毒祥，览辄取饮，母惊，乃覆之。览妇亦与祥妇均苦役，卒能调和母子如一。人知祥之孝，而不知览之

悌，乃所以为孝也。可见为王祥之孝子固难，为王览之悌弟，更自不易耳。

苏琼守清河，性清慎，而饮人以德。有沙门道研，积资巨万，在郡多出息，守令每为之征。及谒，琼知其意，每见则潭世外事，道研惟为债数来，元繇齿及。研弟子问其故，曰：『我每见苏府君，径将我入青云，无可论地上事。』师徒归，遂焚券。

——《康济谱》

明·语录选

为清官死，死有余荣。

——《北行日谱》

『公』、『私』两字，是宇宙的人、鬼。

名心盛者必作伪。

贫不足羞，可羞是贫而无志。

瞒人之事弗为，害人之心弗存，有益国家之事虽死弗避。

人生达罪过，只在『自利自私』四字。

——《呻吟语》

人心公则如烛，四方上下，无所不照。

正以处心，廉以律己，忠以事君，恭以事长，信以接物，宽以待下，敬以处事，此居官之七要也。

——《薛文清公从政录》

饱德之士不愿膏粱；闻誉之施奚图文绣。

——《幼学琼林》

知己知彼，将心比心。

——《增广贤文》

黄河尚有澄清日，岂可人无得运时。

善事可作，恶事莫为。

许人一物，千金不移。

三人同行，必有我师，择其善者而从之，其不善者而改之。

人有善愿，天必佑之。

君子爱财，取之有道。

人而无信，不知其可也。

隐恶扬善，执其两端。

万事劝人休瞒昧，举头三尺有神明。

平生只会量人短，何不回头把自量。

人间私语，天闻若雷。

一毫之恶，劝人莫作。一毫之善，与人方便。

伤人一语，利如刀割。

——《增广贤文》

常将一己作世间公共之物。

——《陈确集·瞽言》

陆沉谁向中流砥，天阙招寻炼石神。

——《寄纪侍御柬文》

男儿欲画凌烟阁，第一功名不爱钱。

——《言志诗》

名节重泰山，利欲轻鸿毛。

——《无题》

粉身碎骨浑不怕，留得清白在人间。

——《石灰吟》

但愿苍生俱饱暖，不辞辛苦出山林。

——《咏煤炭》

手帕蘑菇与线香，本资民用反为殃。清风两袖朝天去，免得闾阎话短长。

——《入京》

大丈夫既以身许国家，许知己，惟鞠躬尽瘁而已，他复何言。

——《答上师相徐存斋》

贫，气不改；达，志不改。

——《山坡羊·道情》

君子之为君子也，一人死而万人寿，一人痛而万人愈，一人忧而万人乐，一人劳而万人逸。

势利纷华，不近者为洁，近之而不染者为尤洁。智巧机械，不知者为高，知之而不用者为尤高。

肝受病则目不能视，肾受病则耳不能听；受病于人所不见，必发于人所共见；故君子欲无得罪于昭昭，必先无得罪于冥冥。

——《菜根谭》

为政戒贪。贪利贪，贪名亦贪，勿务声华忘政本；养廉唯

俭。俭己俭，俭人非俭，还从宽大养廉隅。

——（古对联）

治镜录集解

［清］隋人鹏

远来人役，早发回文。算功。

人来自远方，为日已久，若不早发回文，不惟人役有守候之苦，而公事亦有迟滞之虞，为政者知之。

下僚非得最地方，不轻加责逐。算功。

汉文帝谕宪臣曰：『司民牧者，未尽得人，或道理不明，或律法不通，或任情以作威，或深文以锻炼，其或贪贿听嘱，颠倒是非，不顾冤抑，是何心欤！』又曰：『有改前愆，惟公惟慎，尽心听谳，民以不冤。』呜呼！公慎二字，诚居官之要旨也。

按：宋汪汝达令黄岩，清操皭然。去之日，属吏致罚锾曰：『此例所应得。』公叹曰：『岂有常俸外，官尚有应得之例耶！』不受。夫居官常例，非令范也。然复有巧立名色以渔猎

百姓者，总由要享温饱一念，有以致之耳。信如汪公之却常例，清风高节，自足古今共仰矣。

凡事不可求异，亦不可求同，正恐复有冤抑，相与平反耳。

官员正直仁厚，持虚秉公，或前官怨我立异，或他人与我不同，总付之无心。盖众官同勘一事，原为此事虚实，同勘一人，原为此人生死，岂以求媚人、求胜人哉！

潘鳞长曰：士君子为政，但当为其所宜为，不傍前人格式，不顾眼前毁誉，不较日后利害，惟求慊于心，而民未有不蒙其泽者也。

从来狱贵初情，谓犯事之始，智巧未生，而情实易得。是以人命报官之日，官即亲为相验，登记伤痕，当场审定，则初情乃确案也。倘官吏才识昏短，供招苟且，眈延累岁，苦累多人，所不免矣。甚至非真正人命，又必再更检官，再更仵作，死者既以挺刀

丧命于生前，又以蒸煮分户于身后，则检官不慎之罪也。

为治者持法不可不严，宅心不可不宽。小民苟犯三尺，固弗敢贷，然使任皂隶之需索，听从恶卒重责腿弯，或内溃割肉，或筋伤残废。牧民自有常刑，何必如是残民以逞哉！

凡事贵于勤敏，若临事隳惰，则其精神先不足于料理。及其听决，又牵株引蔓，不得事之主脑，安能不积久加烦乎！大抵狱讼固须详审，然其弊亦生于淹阁，志在秉公者，必知所以处此耳。

——《治镜录集解》

平平言

[清]方大湜

经史

古人引经断狱者不一而足，一行作吏，虽不能效经生家终日咿唔，然偶尔翻阅，总有益处。盖少时读书全无体贴，不过囫囵吞枣而已。阅历世事之后，再读旧书，便觉亲切有味。史书无事

不有，更可增长见识。

国朝先正事略（国朝李元度次青撰。）

以上各书所录，皆嘉言懿行，丰功伟绩，读之可以粜心性，鼓精神。

驳案新编续编

成案情节不一，多有律例所未赅载者。昔欧阳公为夷陵令，取积年案牍盈箱，堆屋者尽阅之，因此得究知人情物理，后时深有裨于相业。

处分则例

一部《处分则例》，无非公私罪名。公罪不能无，私罪不可有，读之可以寡过。

邸抄

朝廷用人行政，悉载《邸钞》之内。不阅《邸钞》，便不能通

晓时务。

官不可不明

清慎勤三字之外，尚有一个明字，最为紧要。廉而不明，则我不要钱，必有从中要钱者。慎而不明，则持躬有馀，应物不足，必有当断不断者。勤而不明，则徒劳罔益，事之是非可否、先后缓急，必有颠倒错乱而不自知者。

精明浑厚

『精明浑厚』四字，最易离开，最不可离开。离开则精明欠浑厚便是刻薄，浑厚欠精明便是糊涂。予移守武昌，大府奏称『该守精明浑厚』云云。予甚愧之。

勿喜事

杨文襄公一清曰：『为政之务在省事，不在多事；在守法，不在变法；在安静，不在纷扰；在宽简，不在烦苛。』此数

语乃对针喜事而言，非废弛之谓也。或问欧阳文忠公修曰：『公为政宽简而事不废弛，何也？』曰：『以纵为宽，以略为简，则废弛，而民受其弊。吾所谓宽者，不为苛急；所谓简者，不为繁碎耳。』欧阳公此说最有斟酌。

热肠

富贵利达，眼不可热。民生休戚，肠不可不热。肠不热，则百姓之休戚如秦越肥瘠，漠不相关矣。陈文恭公宏谋曰：『得百自了汉，不如得一热肠人。』又曰：『地方官视民事全无关切之处，虽有良法美意，多不能行，勉强行之，亦见其害，不见其利，益见有治人无治法之非虚语也。然所谓治人，才调犹次，其最要者，此一点不容已于斯民之心。有此心，则才之大小可以随事见功，否则虽有长才，亦足为害，何况无才！』

咨访风俗

民风土俗各处不同，顺而导之，自易为力，若不博访周谘，留心体察，则行事必多乖错，刑罚必多失中，条教号令必多格格不入。前明刘忠宣公大夏出理边饷，召边上父老，日夕讲究。周文襄公忱巡抚江南，尝操一小舟，沿村逐巷，随处询访。遇一村朴老农，则携之与俱卧于榻下，咨以地方之事。故忠宣理边饷，独得要领，文襄定赋役，斟酌损益，尽善尽美。

看本邑志书

本邑志书不可不看。民情土俗，悉载志书之内，不看志书，必不能因地制宜。

读有用之书

志书而外，尚多应读之书。朝廷设官，原为百姓。作诗写字，弹琴下棋，虽可适一己之性情，究无关百姓之痛痒。公事稍

暇，宜读有用之书，以拓心胸，以增识见。

阅文稿

陈文恭公抚陕西时，申饬各属，不阅文稿。檄云：『官场陋习，动云官止出此一身，事上接下，其文书稿案则有书吏，序送幕宾点改，焉能件件亲阅？又何必事事烦劳？所以上司所行之文，本衙回覆之稿，均未细阅。来省相见，止就眼前之事强记略由，细加诘问，茫无以对。叩询别件，则以想当然之词，作莫须有之对。甚至谎称尚未奉到，其实奉到许久，竟未寓目。上司虽有美意良法，由院司递行，尚系空文，州县接到，则须措办。如州县肯实心措办，则空文无非实事，不然则实事成空文。乃并空文而不留意，所关吏治不浅。嗣后奉到文书，务须耐烦阅明，各就地方情形悉行筹画。能行者何处，不能行者何处，或可推广，或须变通，应回覆者，将现在情形明白回覆。或眼高手硬，不必尽

出心裁。而事理之是非，民情之须逆，岂可漫无讲究？果如奉文时自己有一番玩味，定稿时与幕宾有一番参酌，及到奉行，因地制宜随时补救，又有一番布置防范，自然事得其理，民受其益。自己经心筹计，亦必增长才识。』文恭此檄可谓切中。

素位而行

在任多年，座迁应调，而竟不迁不调，此中自有定数，须就现在所居之位，办现在应办之事，切不可生怠惰心。韩魏公琦监左藏库，时方贵高科多径去为显职，公独滞管库，处之自若，于职事未尝苟且。徙推官，理事不倦。府尹王博文大器重之，曰：『此人要路在前，而治民如此，真宰相器也。』钱明逸由禁林出为泰州，居常怏怏，不事事。公闻之，语人曰：『已虽不足，独不思所部十万生灵耶？』如此居心，方不负设官分职之意。

咎由自取命不任过

升官，命也。参官，亦命也。然须看其因何被参：如问心无愧，而因公获咎，诚不能不谓之命；若犯贪赃、赌博、吸食鸦片之类，致被参革，此则咎由自取，命不任过也。来瞿塘先生知德曰：『王充作《论衡》，以尧、舜、桀、纣一切皆归之时命。若如此论，则人皆不学好矣。岂论之衡乎！俗人殴人，曰命裹不遭枷锁，殴人亦无害，正坐此乱说。殊不知服乌头、附子，方中其毒，岂有吃粳米、麦面，亦中乌附之毒者哉！』

勿演戏

衙门内无事演戏，固属不宜，即做寿酬神，亦不宜演戏。官眷出外看戏，固属不可，即在本衙门以内，亦不可看戏。叶玉屏刺史镇曰：『为官好演戏，最是误事。衙门内多一日宴乐，外间即多一日愁苦。况费昼夜，费廉俸，费庖厨物命，费仆役张罗

铺设。且尽人赴热闹，场中火烛堪虞，奴婢奸盗易起，更人己两损也。』此说深切著明，然流弊尚不止此。戏剧中多桑间濮上之事，所谓才子佳人，类皆以无为有。一经登台扮演，则狎亵之状，蝶嫚之声，曲意形容，淋漓尽致，俨然真有其事，真有其人。堂以前父兄子弟、僚属宾朋以及仆从皁吏，无不环绕聚观，已觉不成事体。帘以内母女姑媳，姊妹妯娌以及仆妇婢女，公然于白日青天之下，大庭广众之中，寓目及此，尚复成何世界？目中有妓，心中无妓，惟明道先生为然，恐彼时看戏之男女，未必皆明道先生也。古来士大夫实无此家法。

勿赌博

官衙不可赌博。本官好赌，则官亲、幕友、家丁、书差，无不好赌。满衙皆赌，百弊从生，废时失事，其一端也。

勿嗜酒

酒可饮，不可嗜。黄鲁直作《黄彝字说》云：『酒善溺人，故六彝皆以舟为足。』顾亭林先生曰：『水为地险，酒为人险，故《易》爻之言酒者，无非《坎》卦。』汪龙庄明府曰：『饮酒不节，最易误事。即于事无误，而被谴者必曰『适逢使酒』，即官声之玷矣。』合数说而观之，嗜酒者，其废然自返乎！

勿劝客过饮

宴会劝客，不过聊示敬客之意，客如不饮，不必苦劝。盖酒量大小不一，过量则醉，醉则语言颠倒，举止失常，时而嬉笑，时而怒骂，时而号咷，甚至大呕大吐，如患重病，且有倒卧地下，不省人事者。酒以合欢，必令其丑态百出，殊属无谓。《湛露》之首章曰：『厌厌夜饮，不醉无归。』乃言其用情之厚，心有是想，非必实有是事也。故三章曰：『莫不令德，』四章曰：『莫不

令仪，』与《小宛》之『各敬尔仪』，《宾筵》之『维其令仪』同意。果真醉矣，势必幡幡怭怭，傲傲傞傞，尚何令德、令仪之有？

勿讲究饮食

明尚书刘南垣，请老家居，有直指使者以饮食苛求属吏，郡县患之。刘曰：『此吾门生，当开谕之。』俟其来，款之曰：『家常饭，能对食乎？』直指以师命不敢辞。自朝过午，饭犹未具，直指饥甚，比食至，惟脱粟饭豆腐一器而已。各食三碗，直指觉过饱。少顷，佳肴美酿，罗列盈前，不能下箸。刘强之，对曰：『已饱甚，不能也。』刘笑曰：『可见饮馔原无精粗，饥时易为食，饱时难为味，时使然耳。』直指喻其训，后不敢以盘餐责人。

江西甘矮梅通《五经》，四方从学者甚众。一日，有门生为御史者谒见，甘款语久之，曰：『能少留蔬食否？』及设馔，惟葱汤麦饭而已。甘曰：『御史岂啖此者，第老夫易办耳。』口占

一诗云：『葱汤麦饭暖丹田，麦饭葱汤亦可怜。试向城楼高处望，人家几处未炊烟？』

晋何曾性奢豪，务在华侈，帷帐车服，穷极绮丽，日食万钱，犹云无下箸处。子邵亦有父风，衣裘服玩，新故巨积，食必尽四方珍异，一日之供，以钱二万为限。诸子皆骄奢，凌驾人物。永嘉之末，何氏灭亡无遗类。

近日宦途饮食，务求丰腆。味刘之言，何必讲究？读甘之诗，何忍讲究？观何氏之事，则不特不必讲究，不忍讲究，亦且不敢讲究矣。

宴会勿太奢

宴会不可太奢。州县宴会，非寅僚，即绅士，纵不能如昔人五簋之约，亦应在不丰不俭之间，岂可过于奢侈，致开风气？

勿买古董

买古董不如买书，书有用，古董无用也。何必以有用之钱，购此无用之物？有货玉带于王文正公旦者，其弟以呈公曰：『甚佳』。公命系之，曰：『还见佳否？』弟曰：『系之，安得自见？』公曰：『自负重而使观者称好，无乃劳乎！』有愧砚于孙侍读公甫者，直三十千。公曰：『何贵也？』客曰：『砚以石润为贵，此石呵之水流。』公曰：『京师一挑水，才直三钱，要此何用？』有献古镜于吕文靖公夷简者，曰：『此镜能照二百里外。』公曰：『吾面不过碟子大，何用照二百里耶？』三公之言，真快论也，亦至论也，爱古董玩器者，当熟味之。

——《平平言》

图民录

[清]袁守定

为民即是效忠

效忠乃臣子常分。非必左右明廷，始可披胸见款。藐兹小

臣，君门万里，虽素孕血诚，倾沥无所。只竭力为民，即是效忠也。

媚于庶人

《卷阿》之七章曰：『媚于天子。』八章曰：『媚于庶人。』人皆知天子当媚，不知庶人亦当媚也，不知媚庶人即所以媚天子也。

盖能尽媚民之道则民悦，民悦则久安长治，所效于天子者多矣。人臣输忠，孰大于是！

诚

子言：忠信笃敬，至参前倚衡始行。《大易》《中孚》一卦，虽豚鱼可格。凡莅一方，果实心实政，其下自有风动之效，所谓至诚而不动者，未之有也。若有一毫粉饰，之而身安矣；不能爱人，则人怨而伤之者至矣。然则爱人者，非特人蒙其泽，亦所

以自爱也。不爱人者，非特人受其病，多见其不自爱也。

官称父母

《诗》曰：『岂弟君子，民之父母。』《记》曰：『有父之尊，有母之亲，而后可以为民父母。』州县非他，父母也。所莅非他，吾子也。官之与民，何等亲切，但以官自居，而以民视民，失父母斯民之意矣。

长育顾复

李桐客为通州刺史，民呼为慈父。辛公义为岷州刺史，民呼为慈母。召信臣、杜诗先后为南阳太守，有遗爱，民歌之曰：『前有召父，后有杜母。』夫古之为政者，有明无不烛人颂神明者，可谓精能矣，而君子不重。所最重者，若父若母，有长育顾复之意焉。但曰治之，犹是第二义。

保障

赵简子使尹铎为晋阳令，将行，请曰：『为茧丝乎，为保障乎？』简子曰：『保障哉。』夫谓保障者，为民作主愚者觉之，弱者扶之，屈者伸之，危者援之，阙者完之，隐然为一方保障，使一方之人，皆有所恃以无恐。岂特如理丝者，但务治之而已哉。

宽

凡待人，宽一步则感，急一步则怨。凡行政，宽一步则办，急一步则蹶。凡断讼案，宽一步则易结，深求一步则难结。

宽则得众

宽则得众，此语彻上彻下。如宽待一人，身受者固感，不知旁观者何以亦感也。苛责一人，身受者固怨，不知旁观者何以亦怨也。史称丙吉宽大，惟宽故大也。杨邠苛细，惟苛故细也。州县虽微，奈何不务其大，而务其细哉！

简

《书》曰：『临下以简。』夫子称子桑伯子，亦曰：『可也简。』盖简则便民而可行，反是而务为烦碎，则民扰而吏亦病，鲜克治矣。唐陆象先历任方镇，明于治体，尝曰：『天下本无事，庸人扰之为烦耳。第澄其源，何忧不简！』真达论也。

宽简的义

欧阳文忠历数郡，不见治迹，不求声誉，宽简而不扰，故所至民便之。或问：『为政宽简而事不弛废，何也？』公曰：『以纵为宽，以略为简，则政事弛废，而民亦受其弊。吾所谓宽者，不为苛急；简者，不为烦碎耳。』此宽简之的义，守经训者所当知。

安静

安静是为治之本。能安静，则民受其福，且足以有为；不安静，则民受其害，亦不足以有为。匪惟不足有为，且不胜其扰矣。襄城令刘方为治不烦，诏书称之。李兑出知抗州，上书『安民』二字赐之。宋子京知成都，陛辞日面请圣训，上曰：『镇静。』皆识为治之体者也。

须省事 毋滋事

当官须省事。省事者，不矜明察，不事深求。遇事之来，直寻常视之，其可已者已之，案牍不烦，以养无事之福，此真才吏也。若视为不才，误矣。当官毋滋事。

平易近人

周公曰：『不简不易，民不能近。平易近民，民必归之。』盖必至平至易，俾民可近，而后民得以尽其情。上得民情，而后可言治理也。故朱子揭出『平易近民』四字，谓为治之本，端在是也。

官体

官自有体，世谓之官体。或以养尊自贵为立体，不知其转失体也。吾所谓体则不然，谦谦其度，抑抑其仪，油然可亲，蔼然可乐。盖州县为民父母，父母之于子，自无色相体岸之可求，斯为真得体矣。其实只是平易近人耳。

谦

谦是行己第一务，而居官尤不可忽。不特接绅士当谦，虽接齐民亦当谦也。《易》曰：『以贵下贱，大得民也。』

又曰：『自上下下，其道大光。』本贵也，而降己以下贱；本上也，而降己以下下，乃至民心大悦，而在我之道亦大光显。所谓谦尊而光是也。一行作吏，窃国家之威灵，侗然自肆于民上，高己迕物，其坐也尸居，其行也走肉，亦甚可羞矣。

自上下下

倪宽为左内史，卑体下士。华轶知江州，以友道接士。于定国为廷尉，虽卑贱徒步往过，皆与钧礼。何武为刺史二千石，贤与不肖，敬之如一。此皆得《易》『自上下下』之义，所以其道大光也。

五字诀

司马文皇居官三字诀，曰：『清、慎、勤。』李若谷居官四字诀，曰：『勤、谨、和、缓。』去其复而合之，为清、慎、勤、和、缓五字，是五字诀也。清则其身正，不令而行。勤则明作有功，慎则敬而无失，和则平易近人，缓则从容中道。五字缺一不可。

忍

吕文清曰：『《书》曰：「必有忍其乃有济。」』少陵诗曰：「忍过事堪喜。」谚曰：「忍字敌灾星。」忍之一字，众妙之门。

当官处事，尤是先务。若清慎勤之外，更行一忍，何事不办？』此文清官箴中语也。凡入仕途，如身陷阵，前后左右，无非锋刃相向。凡上官之陵轹，同官之侵侮，属吏之谲慢，百姓之唐突，势所必有。只能忍，便了一切。若不忍涓涓之忿，必召滔天之灾。张子房生平得力强忍，于不可忍者而强忍之，则无事矣。

廉

《周礼》以六计断群吏之治，一曰廉善，二曰廉能，三曰廉敬，四曰廉正，五曰廉法，六曰廉辨。六者之善，皆以廉为本。可见人苟不廉，虽有他善，亦无足录。

怀璧其罪

凡营钱者伤，故钱字之义，金旁加戈。殖货者贱，故贱字之义，以戈争贝。钱与贝，非吉祥可贵之物也。『传』曰：『匹夫无罪，怀璧其罪。』又曰：『象有齿以焚其身。』人奈何以官为

利，规此不祥之物，以亡其身哉？

勿染陋规

凡莅一方，必有相沿未革之项，谓之陋规。胥吏曰：『此旧例也。』官曰：『前官有异乎？』胥吏曰：『历来如此，无异也。』官曰：『如此，洵旧例矣。』不知白简中所列罪迹，皆其所谓蹈常袭故者也，只争发觉与不发觉耳。既友之后则为赃矣。旧例云乎哉！

鼓钟于宫　声闻于外

人之爱身，必甚于爱贿，何也？大都以为行事密，人不知也。不知今夕受贿，明日则喧传阍衙矣，再明日则喧传阖城矣，再明日则喧传道路矣。《诗》曰：『鼓钟于宫，声闻于外。』

[illegible]

廉

《周礼》以六计弊群吏之治：一曰廉善，二曰廉能，三曰廉敬，四曰廉正，五曰廉法，六曰廉辨。六者皆善，而以廉为本。[illegible]人居官不廉，虽有他善，不足[illegible]矣。

[illegible]

革门包

官府之弊如积尘，虽屡扫之，不能尽也。如所谓门包者，所在皆有，虽属微尘，大为官累。吾方禁胥役不得问赃于百姓，而先令家人问赃于胥吏可乎？曩在桂阳州，下车之初，即取胥吏，勿递门包。互结：一吏有犯，罪及同房，一役有犯，罪及同班。而一切苞苴之风，扫地尽矣。或曰：『如所言，不嫌于苛察乎？』余曰：『不然，宅门家人，重给工食，恩礼以遇之，固当我从也。』

俭

在官必崇俭，必咬得菜根断，乃可行其志。若妄费，则用不支，将不免滥取矣。李若谷为长社令，日悬百钱于壁，用尽即止。冯元淑历浚仪、始平二县，所乘马不与刍豆，令其作斋。吴隐之为广州刺史，常食不过菜及干鱼。蒲克仁知泰和县，经旬不知肉

味。王琎为宁波太守，自奉俭约。尝见鱼肉兼馔，撤而瘗之，世号埋羹太守。此等高风俭德，百世下咀之犹有余味。

三公文士而能为吏

史称苏文忠文章雄隽，政事精明。曾文昭博览经传，为文温润有法，而有能吏之才。欧阳文忠以文章冠天下，而七历郡守，吏民安之。三公，文士也，而为能吏。若才能搦管，便以文士自居，希心清华，薄视吏治，视三公为何如也。

三公留心吏事

陆象山知荆门军，于钱谷细事综核不遗。程明道为镇宁军节度判官，文法簿书皆精密详练，虽管库细务，无不尽心。欧阳文忠贬夷陵，无以自遣，因取旧案反覆观之，见其枉直乖错，不可胜数，自尔遇事皆不敢忽。三公理学文章冠绝一世，而留心吏事如此。若既为有司之官，不治簿书之务，是旷官也，不特偾事害

民，而已亦受其累矣。

耐烦

居官讼狱烦，簿书烦，酬应烦，当之如集猬，理之如刘麻，可谓应接不暇矣。居是职者无他谬巧，只耐烦便了一切。若案牍不耐烦，则不能详阅，而奸吏得乘其惰矣。词讼不耐烦，则不能详鞫，而奸民得售其欺矣。接人不耐烦，则词色必简率，而瞻望者索然无馀趣矣。事上不耐烦，则礼意不周到，而芥蒂者纷然，寻衅端矣。《论语》曰：『君子无众寡无小大无敢慢。』其耐烦之谓乎！

理烦才

陶侃为荆州刺史，阃外多事，千绪万端，罔有遗漏，书疏手答，笔翰如流，引接疏远，门无停客。刘穆之为领军，咨禀盈阶，口酬手答，悉皆赡举。又喜宾客，谈笑无倦，裁有闲暇，手自书

写。徐勉为吏部尚书，精力过人，虽文案堆积，坐客充满，应对如流，手不停笔。此真理烦才也。以余所见，我朝居大位者往往有此，盖精神旺最为贵征，即此已知其能集事矣。

官怠于有成

凡人初到官，每自振作，发奋有为，久则渐渐荒惰矣。《传》所谓『官怠于有成，病加于小愈』也。

勿挨事

疲是居官大病。所谓疲者，如疲马然，策之不动也。然疲生于挨，朱子所谓『挨得过时且过』是也。须知今日之事，待办明日，明日亦办也。明日之事取办今日，今日亦办也。等办也，其我贷乎？吾之心力费于今日，今日固费也。今日靳而不用，而费于明日，明日亦费也。等费也，能自逸乎？然则虽挨，何益哉？益滋事矣。

数公不留事

始兴王澹为荆州刺史，曹无留事，狱无滞囚。薛映知杭州，临决锋锐，庭无留事。周起知开封府，听断明审，举无留事。仇悆为高密丞，摄县事，剖决如流，事无淹夕，民至怀饼饵以俟决遣。王安礼知开封府，事至辄断，庭无留讼，未三月而狱内皆空。数公所以能如此者，只是挺起此身，遇事即办，遂大为一方造福。人奈何耽一身之逸，以遗百姓之累哉！（临审私串口供，既审删改招册，种种弊端，无非为钱所使。须知词讼内帮一边，必害一边，己之所得有几，人之受累无穷。故鉴、虚、衡、平四字，不独官府之良规，亦吏人之要训也。）

——《图民录》

在官法戒录

［清］陈弘谋

又曰：『贪、欲』二字，坏尽世间人。得便宜处再往，得便宜事再做，终有悔吝之时。今日进得一步，明日又求进一步，恐是颠隮之兆。堆金积玉，来处要明，越分过求，余殃在后。卧病垂死，术数未休。几年劳役，一场春梦。纵饶得受用，能有几多时哉！

世俗所称得便宜，不过为声色货利耳。不知此皆身外之物，营求何益？况衙门中所得之钱，更多罪过，几见害众成家，子孙享用者乎！惟一生行几件善事，与人方便，身心何等快乐，兼可贻福后嗣。愿身在公门者，毋忘来处观此二条，可知自古吏胥为储才之地。今虽不能如昔所云，而有志者，正不因吏胥而贬损也。尚其激昂奋发，媲美前贤，为吏胥吐气也。

王凝斋曰：自圣贤以至于凡庶，其德远矣；自割股以至勃磎，其行远矣；自让国以至攫金，其事远矣。由初而言，善恶之间，不能以发，而其终之远，乃如是焉。独不免为习所移尔！习之移人，虽豪杰之士，有不能免者，而况于中材乎！此为人上所以有教也。（据曹名臣录·序）

孔子以『性相近，习相远』为训，则天下之大，无人不在相近

相远之中。而其易于相远，且多由善而习于不善者，莫如胥吏。盖以处为恶之地，入为恶之群，又有可以为恶之才，迫以不得不为恶之势，故一为吏胥，而终其身无为善之日，子孙受为恶之害，不可胜计矣。

王心斋倡道海陵郡，诸掾吏以事至海陵，相率诣之。先生无他言，第曰：『心地好，前程保。』《官行汇纂》六字可作掾吏箴。盖惟心地好，则不妨于作吏。不然，未有不造恶招祸者也。

陈眉公云：汉人取吏，曰『廉平不苛。』平，则能在其中矣。曰『廉能』者，后世不熟经术之论也。（《长者言》）人须心中无欲，方能心平。心平，方能事平。故廉又为平之本。吏多不能廉，亦不肯廉，故动多不平之事。虽有能，适足济其恶耳。

《惜字十八戒》：卖旧书废纸与人（印封残册废卷同）。遗弃污秽中。

脚下践踏。糊窗壁。覆瓿裱画。拭几砚。擦垢秽。燃灯夜照。点火吃烟。刀剪裁破。因怒扯碎。以书籍作枕。与妇女夹针钱。嚼烂吐地。塞墙壁孔内。烧灰仍弃于地。（《言行汇纂》）

人不改过，多是因循退缩。须奋然振作，从前种种，譬如昨日死。从后种种，譬如今日生。如毒蛇啮指，速与斩除，无丝毫凝滞。此风雷之所以为益也。人之指吏胥，皆曰『衙蠹』盖由贪利如饴，作恶种种，吸人脂膏，有如蛇蝎也。苟欲改恶从善，当如昨日死，今日生，方可振作。更当看作毒蛇啮指，方可斩除，稍一因循，毒重难救矣。可不惧哉。

凡吏立身正直，自能服人。若动逞意气，故作威棱，此怨府也。

可以一出而救人之厄，一言而解人之纷，此亦不必过为退避也。但因以为利，则市道矣。（救厄解纷，莫如在官之人。所虑者，以财利为行止，全无公义。包揽扛帮，如虎生翼；教揉升木，祸胎怨府。岂止市道而已。）

华彦民曰：蛾之种类不一。有一种名曰『扑灯蛾』，似蝶而小。夜飞见灯则扑之，遂殒其躯。夫蛾之扑灯，向明而来，初岂谓其害已哉！必资其气焰，利其膏泽，故轻身投之。迨知祸，则已无及矣。（《解人颐》）胥吏倚势作奸，舞文纳贿，将谓得财可以养生，未几身命难保。然则非理营遂，早夜孜孜，唯恐不巧者，正其招祸取死，唯恐不速者也。与扑灯之蛾，何以异耶。

孙可庵曰：衙门中人，见利不顾死生。一得宠，则不计利害。官若假以词色，便到处骗人。其门如市，假势横行，四民畏之如虎，亲戚亦气焰逼人。凡有身家之念者，俱礼之为上宾；大家宦族，俱畏之如蛇蝎。而若辈扬扬自得，目中且不知有天日，又乌知有法纪？士民切齿，人言鼎沸，甚可畏也。《为政第一编》

（凡此皆今之胥吏，所夸为得时兴头者也。岂知其存心行事，无异蛇蝎，而人且畏之如虎耶？不知天日，不知法纪之人，其何以保身家，贻子孙也？）

又曰：官有当蠹役，如书之有蟫，音淫，书中白虫木之有蛀，残蚀既久，书破木空。书役弊窦孔多，其弊也，皆其蠹也。蠹国蠹民，平时不觉，一旦破败，投鼠而忌其器，批根而动其枝，官且难保，蠹虽死，何足惜耶。（世上贪财害义，种类甚多，惟衙门中人，则名之曰蠹。以其倚势肆毒，而人不及觉也。书蟫木蛀，生长寝食于书木之中。藏身日固，噬害日深。未几书破木朽，蟫蛀同归于尽。凡见有书中之蟫，木中之蛀，而可以长久者耶？为官者固不可藏蠹以自蚀，为吏胥者亦何苦自居于蠹，以速其死亡耶！）

灵璧子曰：黠吏遇人不利之事，或虚张声势，或妄设变害，或驾言危险，或诳捏惊诧，使愚者怯者颠倒术中，而忧惶恐惧之过，往往死于非命，不亦惨乎。噫！恐吓之事，常始于微小，而究至倾人之性命，则为害亦大矣。予观世人，欲以恐吓取财，酿成仇祸。锱铢未及入囊，而枷锁先已绕项。违天理，触法网，何不自畏惧，而乃恐吓他人哉！

又曰：官不持法，公行私赂，则奸者得以自操其权，而法非朝廷之法矣。出数十金以奉吏曰生，则死者亦生焉；出数十金以奉吏曰死，则生者亦死焉。出数十金以奉吏曰直，则曲者亦直

焉；出数十金以奉吏曰曲，则直者亦曲焉。生死曲直，不断之以法，而断之以赂。是生死曲直，不操之官，而操之自奸吏矣。其害尚可言哉！

又曰：刁才猾技之夫，老于公门，熟于讼事。胆气雄豪，肤肢壮健。争强于胥吏之驱，角胜于阶墀之对。行贿赂，有偷天之手段，斗机变，有伏势之神通。使高者畏惮而心惶，卑者匍匐而涕陨。切骨之冤，成于白日；没身之憾，及于黄泉。广施祸种，固结仇根，岂不危哉！彼以讼辱人而求胜者，何不监此。（写积摹画情状，宛然如见。初入衙门人，不惟不以为监，而反从而效之，唯恐不似也，亦独何欤！）

——《在官法戒录》

居官日省录

[清]乌尔阿通

清

杜祁公曰：作官第一要清，然无求人知。苟欲人知，同列不仅者必谮己，上不加察，适取祸耳。但默而行之，无愧于心

可也。

房彦谦泾阳令，所入俸禀，悉以周故旧，谓子玄龄曰：『吾无所遗，但「清白」二字尔。』

蒋沆历四县令，美政流行。郭子仪军出其县，敕麾下曰：『蒋沆令县，供亿当清素，去得蔬饭足矣，毋挠其清也。』

明都宪刚峰海公，卒于官舍。同乡苏民怀简其宦囊，竹笼中俸金八两，葛布一端（六丈），旧衣数件而已。王凤洲评之云：『不怕死，不爱钱，不立党。』此九字，断尽海公生平。

念庵罗公清介，归囊无一文，道经羌湖，病亟，抽分项东瓯为调医药。有扬贾犯重辟，愿献十金求解，项欲以此为公寿，公力却，事乃寝。既而思曰：『是大贾不活矣，项君必以我故而不脱之狱。』乃贻书谢项，因潜为解之。贾得生，不知为公力也。

万历中，王万祥为巡江御史。居官极廉，而性严刻，捶楚之

下，有以小过而被重刑者，有以轻罪而致殒命者，先后之间，不下数十。未几得病，常有冤鬼前后呼叫，僚佐往候之，无不闻者，数日而死。夫清以持身可也，然不宜刻以绳人，居官任性者可以为鉴。

金某为湖南县令，贪秽无厌，士民憾之。金自谓清廉，访民之怨己者，擒而痛治。后以贪婪为督抚所劾，家产入官，身死狱中。

格言

倪文节云：不为子孙积善，而为子孙积财，多积不义之财，以付不肖子孙，助其骄淫，其败尤速。故曰：『积金以遗子孙，子孙未必能守；积书以遗子孙，子孙未必能读；不如积阴德以遗子孙，庶几可久。』旨哉是言！愿贪得者三复之。

张洪阳云：清贵容，仁贵断。莫苛刻以伤厚，莫硗确以沽

名。毋借公道遂私情，毋施小惠伤大体。凭怒徒足损己，文过岂能欺人。处忙更当以闲，遇急便宜从缓。分数明可以省事，毁誉忘可以清心。正直可通于神明，忠信可行于蛮貊。

慎

先哲云：官府政事繁多，下情阻隔，全在虚心体察。倘任其聪明，恃其刚介，挟其意气，种种皆能枉人。惟其难其慎，著实推求，庶几有得于情形之表，若任意行之，小民岂能免于受屈哉！

薛文清公云：处事最当熟思缓处。熟思则当其情，缓处则得其当。事最不可轻忽，虽至微至易者，皆当一慎重处之。一事而关人终身，总实见实闻，不可着口。一语而伤我长厚，虽闲谈酒谑，慎勿形言。

勤

西山真氏云：勤敏居官，职分所当然也。聪明有限，事机无穷，竭一人之精力，以防众奸之作慝，已非易事。而耽延杯酌，恣情声色，赋诗品奕，遂以词讼、文券、招详、钱粮、牌票一切为闲务，置之膜外，不特负朝廷，且害民生甚大也。然则当如何？清心节欲，早起夜眠，一心正事，勿以酒色自困，勿以荒乐自戕；时时检察，孜孜敏行；毋谓姑俟来日，则事无不理矣。

格言

《天游集》云，东坡言：『人心一息不可纵逸，闲散既久，毛发微事，便自不堪。』诚哉是言也！余平日之病，正坐于此。自幼以读书为业，除把笔攻文之外，世事茫然不知。才有毛发，便蹙蹙不安矣，盖懒惰之害也如此。陶侃，豪杰士也，朝运百甓于斋外，暮运于斋内，岂无所用其心哉？正以人心一懒，则百体俱怠；百体俱怠，则心日荒而万事废矣。

俭

居家宜俭，居官尤宜俭。人情愈奢，则愈纵，始而贪，继而酷，皆自不俭始。夫膏粱与粗粝，同一果腹；文绣与布帛，同一章身。吾纵不必矫情干誉，学公孙之脱粟布被，独不可择其平等，居不丰不啬之间乎？况居官一日，起居服御，可省不止一二端，但能杜绝汰侈念头，便不至浮费无度，自尔留余不尽矣。如此乃不至侵用官项，朘削民膏，身心俱泰，寝食皆安，虽粗粝何尝不甘，布帛何尝不适哉！俭则安分，俭则洁己，俭则爱民，俭则惜福。故曰：俭，美德也，官箴也。

语不可说尽，事不可做尽，心不可使尽，衣不可穿尽，饭不可吃尽，福不可享尽。留此不尽者，以贻子孙。

高忠宪公曰：省浮费以养廉，省烦恼以养生，省物命以养福，杜奢侈以示后，敦朴实以维风。

《言行汇纂》曰：人生衣食财禄，皆有定数。若俭约不贪，则可延寿；奢侈过求，受尽则终。譬人有钱千文，日用百，则可十日；日用五十，则可二旬日。纵恣奢侈，立见败亡，则一千一日用尽矣。或谓人有廉俭而促，贪侈而长者，何也？曰：俭而命促者当生之数，少也，若更贪侈，则愈促矣。侈而寿长者，当生之数多也，若更廉俭，则愈长矣。

宽严

宽、严二字，有专用之心，有分用之法。夫居上以爱人为本，则心专于宽而已。然有时因宽而纵，反能误人，故必有严以济其宽，所谓分用之法也。用其法者，择所宜而施之，譬如子产承子皮之后，则以严济宽；欧文忠承包孝肃之后，则以宽济严，各有所宜也。又如庸吏犯法者可赦，奸吏乱法者必诛，此又因人而异用也。盖民风有强有弱，人情有愚有智，政事有积威、有积玩，有公件、有私件，此即宽、严分用之故。然严为惩儆之具，使人不敢犯法，正是成全斯人处。是严者宽之术，而宽者严之心也。居官者能体此意，自无偏执之病矣。

虚衷

温公论王介甫曰：『但执拗耳。』执拗二字，只从不虚心而生，一味但见自是，其误天下苍生至于此极。诸葛武侯之天资学问，当时无匹，然其下教国中，只求集思广益。人生总无自满境地，上而古圣昔贤，莫不如此。是以居大位而不虚心，则事坏；从政不虚心，则政坏；为学不虚心，则学坏。何也？意气太盛，虽有嘉言在耳，简册在前，不复潜心研究，惟凭私智臆见，谓操纵一切而无难，于是疏略偏蔽，百病交集，害有不可胜言者。

而况居官之人，身处民上，一令百从，谀言日至。自视地位高于人，才识无不高于人，自是之见渐习渐惯，其尚能低首下心、勤学好问也哉！趾高气扬，非独办事乖错，必贻民物之忧，即终身才识，亦以一得自阻矣。吁，可畏哉！

格言

凡人视己之才能十倍于人者，无知狂徒也。微论日后绝无好处，即或名利以狂而得，终非载福气象。惟要自己之德行十倍于人，方是自求多福。以此观人，验如龟筮。

泰山高矣，而泰山之上复有天。沧海深矣，而沧海之下复有地。推之学问亦然，何可自满。

孔子读《易》至《损》、《益》卦，喟然叹曰：『自损者求益其道者也，道愈益而身愈损，德愈高而心愈下，所以能大也。学者损其自多，以虚受人，虽愚夫未尝无取焉。故自满者，天下之善

言，不入于耳也。』

人之不幸，莫过于自足。恒若不足故足，自以为足故不足。瓮盎易盈，以其狭而拒也。江海之深，以其虚而受也。虚己者，进德之基也。

詹体仁，字元善，知静江。尝曰：『居官之法，尽心平心而已。尽心则无愧，平心则无偏。』世服其确论。

范纯仁言于司马光曰：『愿虚心以延众论，不必谋自己出。谋自己出，则谄谀得乘间迎合矣。』

薛文清云：『万物不碍天之大，万事不能碍心之虚。』又云：『水清则见毫毛，心清则见天理。』人所以千病万病，只为有己。惟欲己富，惟欲己贵，惟欲己安，惟欲己乐，惟欲己寿，而人之贫贱危苦死亡，一切不恤，由是生意不属。若能克去有己之病，廓然大公，富贵贫贱，安乐寿夭，皆如与人共之，则生意贯彻，

便与万物为一体矣。』又云：『二十年来，治一怒字，尚未消磨得尽，以是知克己最难。中夜以思，只公之一字，乃见克己效验。』

《言行汇纂》曰：『凡人于燕会交接间，人品必不齐。或行检有玷，或相貌不全，或今虽贵显而出身微贱，或先世昌盛而后裔流落。以类推之，人所忌讳甚多。用心检点一番，勿犯人所忌，令其愧恨，亦君子长者之厚意，而亦处世之善道也。』

李沆为相，有狂生叩马上书，历诋其短。公逊谢曰：『俟归当详览。』生随马后大言曰：『居高位而不能匡济，又不能引退，能无愧乎？』公于马上跼蹐曰：『某屡求退，奈主上未允耳。』终无怒色。

鹍鹏六月息，故其飞也能九万里。仕宦无息机，不扑则蹶，故曰『知足不辱，知止不殆。』

为卑官则恨不享大位，及位高而颠踬倾危，回想卑官而受又清平之福，天上矣。布衣粝食，则恨不富贵，一旦祸患及身，骨肉离散，回想布衣粝食时，妻子相保，天上矣。聪明强健，则恨欲不称心，一朝疾病淹缠，呻吟痛苦，回想聪明强健，天上矣。古人云：『上方不足，下方有馀，自在法门也。』

范文正公云：『常调官好做，家常饭好吃。人能甘于吃家常饭，然后甘于做常调官。』

志趣宜正

服官一也，而所以服官之心，不必尽同。有急于干进者，有安于守分者。干进者易躁，未尝不进，而或以才情官箴荟要挂累；守分者近庸，果能尽分，亦终以资格迁除。此其中有命焉，非人之所为也。一念之差，百身莫赎，故志趣不可不正。

择友之道

人之气质，大概不同。毗于阳者刚，不免伉直忤物；毗于阴者柔，类多和易近人。然非平日究心律例，断不能高自持议，较之随波逐流、胸无定见者，遇事终可倚赖。择友自辅，当无取其软媚也。

——《居官日省录》

学治臆说

[清]汪祖辉

官须自做

非刚愎任性之谓也。事无巨细，权操在手，则人为我用。若胸无成见，听人主张，将用亲而亲官，用友而友官，用长随吏役而长随吏役，无一非官。人人有权，即人人做官，势必尾大不掉，官如傀儡，稍加约束，人转难堪，甚有挟其短长者矣。国人知有穰侯华阳，而不知有王，速败之道也。故曰官须自做。

嗜好宜戒

一人之身，侍于旁者，候于下者，奔走于外者，不啻数十百人，莫不窥伺辞意，乘间舞弊。不特声色货利，无一可染，即读书赋诗、临池作画，皆为召弊之缘。当其兴到时，或试以公事，稍有不耐烦之色，即弊所从起也。人非圣贤，谁无嗜好？须力自禁持，能寓意于物，而不凝滞于物，斯为得之。

饮酒宜有节

豪士文人，类多善饮。必止酒而后可为治，非通论也，但不为之节，最易误事。即于事无误而被谴者，必曰适逢使酒，即官声之玷矣。余佐幕时，主人多善饮者，皆与之约，非二更扃宅门后不得举杯。故不必有止酒之苦，而未尝居耽饮之名。

不节必贪

国家澄叙官方，首严墨吏，微特身之辱也。祖父曾犯赃私，子孙虽贵，不准封赠；子孙于封赠祖父后，干犯赃私，并追夺诰敕，是下辱子孙，上辱祖父矣。人即不自爱，未有甘以墨败者。资用既绌，左右效忠之辈，进献利策，多在可以无取可以取之间，意谓伤廉尚小，不妨姑试，利径一开，万难再窒。情移势逼，欲罢不能，或被下人牵鼻，或受上官掣肘。卒之，利尽归人，害独归己，败以身徇，不败亦殃及子孙，皆由不节之一念基之。故欲为清白吏，必自节用始。

勤在以渐以恒

嗟呼，勤之为道难言矣！求治太急者，病在躁。疾行无善步，其势必蹶，道贵行之以渐。一鼓作气者，病在锐，强弩之末不能穿鲁缟，其后难继，道贵守之以恒。渐则因时制事，条理无不合宜，恒则心定神完，久远可以勿倦。靡不有初，鲜克有终，念之哉！

当思官有去日

居官时不患无谀词，而患无规语，民即怨诅，不遽入耳，迨去官而贤否立判。民有恋惜之声者，贤吏也。苟其不贤，道路相庆，虽迁擢去，不能防民之口。去以他故，诟詈随之，候代需时，有莫为之居停者矣。故治柄在手，当时时念有去官之日，自然不敢得罪于群黎百姓。

勿沽名邀誉

如之何而可不得罪于群黎百姓？曰：诚而已矣。三代直道之风，今犹古也。为治有体，焉得人人而悦之？一有沽名邀誉之私，其奉我以虚名虚誉者，即导我以偏好偏恶，而便民之事，亦且病民。惟出之以诚，求尽吾心焉。有隐受吾庇者，虽奸胥蠹役、讼师地棍之奕谤声交作，不足恤也。

守身

事君不忠，谓之不孝。守身云者，非全躯保妻子之谓也。致身之义，安危一理，非遭授命之时，当凛全归之念。不惟败检玩法，方为辱亲，即肆虐百姓，道路有口，秽及父母，辱莫大焉。闻诸吾师孙景溪先生尔周曰：『牧民者，能立身行道，扬名于后世，以显父母，百无一二。但与部民相安，毋贻父母恶名幸矣』。官惟州县去民最近，辱亲亦惟州县官最易。《诗》曰：『无忝尔所生。』子曰：『君子怀刑』。孟子曰：『守身为大。』尝以三言自敬，其庶几乎？

居官立身，固以操守为本，但《洪范》所称『有猷、有为、有守』，三者并重。若仅以操守博取名誉，而乃悠悠忽忽，于地方事务不能整顿，苟且塞责，姑息养奸，贻害甚大，盖此等官无所取。于民而善良者，感之不能禁民为非，而豪强者颂之，无所取。

于属员而循分者，安之不能禁属员妄为，而贪劣者称之。刁生多事而宽待之，劣绅不法而姑容之，故刁生、劣绅皆言其和平。甚至胥吏作奸而不能惩，盗贼肆行而不能禁，自胥吏至于盗贼，皆乐其安静而不欲其去任，如此违道干誉之清官，其与贪吏迹虽不同，其所以负恩误国之罪一也。

士之有气志而思富贵者，必能建功业，有气志而轻爵禄者，亦能立名节。二者虽其志向不同，然时危世乱皆人君之所急也。何者？非好功业，不能戡乱，非重名节，不能死难。或好功业，或重名节，皆可以大任。惟平淡和雅，世所谓君子者，平居既不能急公理繁，临难亦不能捐躯济危，可以羽仪朝廷，润色名教，如宗庙之瑚琏、园林之鸿鹄耳。

安静近于因循，雍容近于怠忽，干惕近于拘滞，振作近于多事，迹虽相类，而其实不同。无事时不可多事，有事时不可因循，